《丝路·长安国际译丛》（第一辑）

主编 王双怀 高兵兵

长安——绚烂的唐都

日本京都文化博物馆 编

徐璐 译

陕西新华出版传媒集团
三秦出版社

图书在版编目（CIP）数据

长安：绚烂的唐都 / 日本京都文化博物馆编 ； 徐璐 译. —西安：三秦出版社，2021.7
（丝路·长安国际译丛 / 王双怀，高兵兵主编.第一辑）
ISBN 978-7-5518-2414-9

Ⅰ．①长… Ⅱ．①日… ②徐… Ⅲ．①长安(历史地名)—城市史—研究 Ⅳ．①K294.11

中国版本图书馆CIP数据核字(2021)第128501号

长安 —— 绚烂的唐都

日本京都文化博物馆 编 徐璐 译

出版发行	陕西新华出版传媒集团　三秦出版社
社　　址	西安市雁塔区曲江新区登高路1388号
电　　话	(029) 81205236
邮政编码	710061
印　　刷	西安市金雅迪彩色印刷有限公司
开　　本	720mm×1020mm　1/16
印　　张	12.75
字　　数	186千字
版　　次	2021年7月第1版　2021年7月第1次印刷
标准书号	ISBN 978-7-5518-2414-9
定　　价	65.00元
网　　址	http://www.sqcbs.cn

《丝路·长安国际译丛》（第一辑）编委会

顾　问　李　浩　杜文玉

主　编　王双怀　高兵兵

编　委　胡宗锋　姜天喜　张　鹏

　　　　张艳萍　徐　璐　翁建文

　　　　曹　婷　师　敏　王　坤

《丝路·长安国际译丛》序

由王双怀和高兵兵教授主编并由他们与徐璐、翁建文等西大学人分别担任译笔的《丝路·长安国际译丛》即将付梓，兵兵教授邀我写几句话。我对日语翻译及该领域在日本的研究现状都不懂，本应婉谢，之所以要说几句捧场的话，是因为以下三端：

首先是对高兵兵教授事业的支持。兵兵六年前从日本大阪大学获博士学位，学成归来，给她开出诱人待遇与条件的学术机构很多，兵兵选择了西北大学文学院，这对我校刚刚起步的对外汉语专业是一个很有力的支持。她在紧张的教学之余，很快调整工作状态，以适应国内的教学科研环境。先后推出一系列有关日本汉诗及汉文学研究的成果，而且主办了多场国际学术会议。由于她的成果突出，当时成了西北大学文科第一批通过特别评审晋升教授的归国人员，一时很引人关注。兵兵并没有满足于已经取得的成绩，几年前就吐露出要进行日本长安学研究翻译一事，并积极申报课题，一转眼已经有第一批成果问世，确实是值得祝贺的。

其次是给我提供先睹为快的机会。日本学界对该领域的研究状况我无法准确评判，但本辑中的几部著作如《长安的都市规划》（妹尾达彦著，高兵兵译）、《唐代长安镇墓石研究》（加地有定著，翁建文、徐璐译），仅从题目上我就特别喜欢。原著者在日本都是该领域的翘楚，很多年前我就拜读过妹尾教授研究唐代文人生活状况的大作，还多次引用过他关于白居易等文人在长安、洛阳等地居住的研究成果。印象中，妹尾先生与陕西学界联系较多，听说他曾师从著名史学家史念海先生。二十世纪八十年代中后期，我也在师大随霍松林先生读书，校园中曾多次见过他进行学术交流的海报，可惜当时忙忙碌碌，没有聆听并拜见，这次通过兵兵教授的翻译，比较系统地了解了妹尾先生关于长安都市规划的学术见解。几位日本学人的成果，所讨论的问题既深入又细致，既可以帮助我们了解该专题的学术前沿，又可以让我们略窥日本汉学学风之一斑。

再次是提供了长安学研究的"他者"视角。据我的不完全了解，国内关于长安的研究也正方兴未艾。仅以陕西学界而言，李炳武先生曾主持编辑皇皇十多册的《长安学丛书》，王军、陈学超先生曾以长安学申报西安市社科重大课题，并在陕西师范大学设立长安学的学位点。张新科先生主编《长安学研究》杂志，已经推出多期成果。陕西师范大学和西安文理学院都以长安学作为重点研究方向，特别是陕西师范大学将以长安研究作为申报协同创新研究平台的重要项目。可见长安研究已由原来荒寒冷僻的专家之学，变成今日各方关注的显学。海外的研究，特别是与中国文化关系密切的日本研究，也是一个重要的它山之石。国内特别是陕西学界不能忽视这个视角，以避免做低水平重复性的简单工作。高兵兵、徐璐、翁建文等学者的努力，无疑是在为这个领域做最基础的铺路垫石工作。由于目前的科研体制所限，重著述轻翻译，助推了浮躁的学风。故高兵兵和她的团队正在做的这项扎实工作，更值得学术界的肯定。

当然，翻译本身也有它的学术标准，董桥先生认为优秀的译作应该是原作者与译者的"门当户对"。故如何在遵守专业规范的同时使译笔更流畅准确，既符合原文的行文风格，又有清通畅达的汉语，确实有难度。本人没有过翻译实践，只是随意说说而已，说得多了就要出乖露丑了，就此打住。

2012 年 10 月 25 日

旅次渝州

总　　序

长安曾是周、秦、汉、唐等中国最重要朝代的都城，是中华文化的根基所在。它曾是世界上最大的都市，地处中原腹地，东西贯通、南北交会、政经繁荣、文化灿烂，是世界各国、各族人民向往的地方。其发达、灿烂的文化对丝绸之路沿线以及整个世界都产生过巨大的影响。

"长安"不仅是一个城市、一个地名，它可以说是中国文化中一个重要的文化符号。近年来，随着中国国际地位的日益提升以及影响力的扩大，中国对自己的文化如何向外传播格外重视起来。鉴于古都长安在中国传统文化中的核心地位以及历史上曾经享有的国际地位，我们迫切需要了解古代长安文化对世界的影响。

古代长安所在的西安市，继作为国家西部大开发龙头城市之后，又被公认为世界遗产"丝绸之路"的起点，迎来了前所未有的发展契机。在这样的情况下，我们必须要以国际化的视野来重新审视西安的历史与未来。了解古代长安的国际影响，将对我们把西安建设成为国家中心城市起到重要的借鉴作用。

研究长安的国际影响，一方面需要了解长安文化在域外的传播及本土化过程，另一方面需要了解国外学界是如何研究长安的。

关于前者，近年来，丝绸之路的国际合作研究、遣唐使及东亚留学生的国际合作研究等已经蓬勃开展，像日本遣唐使井真成墓志、百济祢氏家族墓志的保存和研究等，使古代长安历史文化的研究上了一个新台阶。本人所在的西北大学，近年来在丝绸之路及东亚研究两方面都取得了丰硕的成果，如以井真成墓志的保存为契机的与日本专修大学的合作研究，已在中国和日本同时出版了论集《长安都市文化与朝鲜、日本》。

但关于后者，即国外学界研究长安文化的成果，却几乎都没有被介绍到国内来。如日本著名唐史学家石田幹之助（1891—1974）博士研究唐代长安文化的名著《长安之春》（1941），自问世以来，在日本多次再版，经久不衰，该书既有翔实的考证，又充满着浪漫气息，可以说，就是这部书，让广大日本人民对古长安也对今天的西安心驰神往。这么重要的著作，在韩国似已有译本，但还没有中译本，这不能不说是长安文化研究的重要缺失。再如新一代的中国研究专家、专门从事中国都市史研究的妹尾达彦（1952—）博士的专著《长安的都市规划》，以新锐的全球化视角，把唐代长安城放到欧亚大陆及世界文明发展史中来重新审视；同时又从儒家文化的角度分析了唐长安城的结构，并与中国其他都城做了比较；他还以自己独特的视角，对唐长安城内的生活情境进行考查和描述，此书可谓是21世纪长安研究的代表作，具有很强的可读性，目前在日本市场已经售罄，该书在韩国也已经被翻译出版，而中译本还没有问世。

以上虽仅以日本为例，但可以见得，古代长安文化国际研究成果的引入，目前在国内还基本上处于空白。"它山之石，可以攻玉"，作为一个西安学者、一个古长安文化的后继者，我深感自己有责任传承和发扬长安的历史文化，更有责任将国际上研究长安文化的丰富成果在国内加以推介。

以上就是我们主编本套丛书的初衷。我相信，这项事业，将对今后西安地域文化发展、促进古代长安文化研究的国际化以及弘扬中华民族伟大传统精神，做出重要的贡献。

丝绸之路沿线及西方世界，历史上与长安交往的时间长短、层次范围均不相同，因此应不同对待。比起现代欧美诸国，东亚、中亚诸国与长安文化往来的历史较长，受长安所代表的中国文化的影响也要深远得多。在中亚、东亚诸国，研究长安文化就等于研究各国自身古代与中国的交流史，因此，这些国家在对长安文化的关注度上，以及有关长安的文献和当代研究成果方面，都要远远超出欧美各国。尤其是朝鲜、日本等东亚诸国，自古受到中国文化的全面影响，他们使用汉字，学习以儒家经典为核心的汉文典籍，接受儒、释、道等中国思想价值体系，与古代长安的交流广泛而深入，使节往来频繁。他们从都城长安带去当时最先进的中国文化，可以说，长安文化已经融入到他们自身的文化体系当中。

鉴于以上理由，本丛书将首先介绍东亚诸国对长安的研究。加之本人所学的专业及研究范围所限，第一阶段将主要集中在日本成果的推介，然后再扩大到朝鲜半岛以及世界各国。今后成果推介范围的扩大，还要依靠西北大学各相关学科和研究团队的加盟，以及国际合作研究的蓬勃开展。

本套丛书从策划到第一批译著问世，再到今日的再版修订，已过去了十年，其间，许多这方面的成果也陆续问世，如妹尾达彦继《长安的都市规划》后，又有《隋唐长安与东亚比较都城史》（中文版，西北大学出版社，2019年）及《全球史》（日文版，中央大学出版部，2018年）等新著，其他日、韩学者也不乏新著出现。我们一定再接再厉，期待着这套丛书今后能源源不断注入新的血液！

另外，本丛书并不局限于研究专著，只要是与长安历史文化相关的内容，我们都将广泛吸纳。以往已经在国内翻译出版的一些零散的译著，如有必要，我们也会重新组织翻译。国际上研究长安的优秀单篇论文，我们也会将其陆续以专题论文集的形式加以介绍。

本丛书的问世，离不开西安这块地域，离不开长安厚重的历史文化底蕴，离不开陕西强大的人文学科优势。在此谨对西北大学李浩教授和陕西师范大学杜文玉教授、王双怀教授等人的大力支持表示诚挚的感谢！本人除了编好这套丛书，无以为报。

本丛书选择由三秦出版社出版，也是有特殊缘由的。三秦出版社一直致力于古代长安丰富文献资源的发掘和最新长安研究成果的推介，与长安历史文化相关书籍的出版发行，非其莫属。再者，该社之前就已经出版过一些国际上与长安有关的译著了，如日本教师足立喜六的《长安史迹研究》、吉川幸次郎之子吉川忠夫的《秦始皇》等，这也让我自然而然地想到了三秦出版社。在此也感谢三秦社总编辑赵建黎先生、副总编辑贾云先生的信任和支持，希望这项事业结出累累硕果！

最后，期待广大读者能够喜欢这套丛书。

高兵兵

2021 年 7 月

于长安蜗居

序

1994年，京都迎来平安京建都1200周年。为此京都文化博物馆协同京都府，筹划举办了题为"大唐长安展——寻访京都悠久文化之源"的特别展，来庆贺这一值得纪念的日子。展览于同年9月9日至11月27日期间举行。

自7世纪中叶以来，日本曾多次派出遣唐使，从大唐吸收了包括城市建设、政治制度、先进技术、佛教等众多灿烂文化，构成日本立国之本。即使迁都至平安京，日本仍继续派遣遣唐使。我们所继承的京都文化，无疑是在诸多先贤与大唐文化交流的成果之上延续下来的。

京都文化博物馆的作用之一，就是探寻日本文化之根，并予以介绍和宣传。我认为必须始终把包括与中国在内的海外交流纳入我们的视野，中国对京都文化影响至深。

在此意义上本馆所举办的"大唐长安展"，历时80天，非常庆幸的是获得了一致好评。超过178000人参观了本次展览。本馆作为平安京建都1200周年纪念活动的一环所建立，终于完成开馆以来所肩负的一个使命，不禁为此深感欣喜！

"大唐长安展"，1990年11月根据首任馆长吉田光邦的指示开始筹备，1992年4月执行委员会组建并开展工作。委员会力邀8名学者加入，他们就展览会的内容、构成、展品的选定等进行了讨论，并提出了诸多有益的建议，展览会筹备工作因此才得以步入正轨。另外，补充说明一点，展览结束之后,1995年6月,"大唐长安展"执行委员会因在平安京建都1200周年纪念活动中成绩显著,受到京都府知事特别表彰。

另一方面,在本次展览会期间,还聘请执行委员会的8名学者,连续进行了数场演讲。每场演讲会均座无虚席,气氛热烈。各位学者对展览内容均了如指掌,因此,从他们的精彩演讲中,听众对展览的背景有了更加深刻的认识。本书将演讲稿进行汇编,付梓面世,希望参观者对展览内容能有新的、更加深刻的认识;未参观者对绚丽的唐长安文化、中日之间的交流能有初步了解。

"大唐长安展"从筹备、演讲以至于本书发行等各个阶段,承蒙各方大力支持与协作,在此对通力合作的8位学者以及欣然接受本书出版发行的角川书店,表示衷心的谢忱!

京都文化博物馆馆长　冈本道雄
1996年2月

目　　录

第一部分　长安——遣唐使眼中的国际化大都市

遥远的长安

　　——遣唐使之旅 …………………………… 门胁祯二（3）

　　引言 ……………………………………………………（3）

　　一、平安京与遣唐使 …………………………………（5）

　　二、小野篁"下船"事件 ……………………………（16）

　　三、从官使到商人之路 ………………………………（20）

　　结语 …………………………………………………（28）

中国的都城、日本的都城

　　——其原型与独立性 ……………………… 町田章（31）

权力与宗教之都

　　——宫殿、寺院、苑囿 …………………… 田中淡（58）

长安与平安京 ……………………………… 井上满郎（81）

第二部分　长安——绚丽的唐文化

地下宫殿
　　——陵墓群中多彩的壁画 ·················· 田边昭三（99）

唐代长安的石刻
　　——其社会、政治背景 ····················· 砾波护（122）

品茶的世界
　　——从茶到煎茶、点茶 ····················· 筒井纮一（146）

最后的遣唐使 ··· 渡边信一郎（164）

译后记 ··· （183）

第一部分

长安——遣唐使眼中的国际化大都市

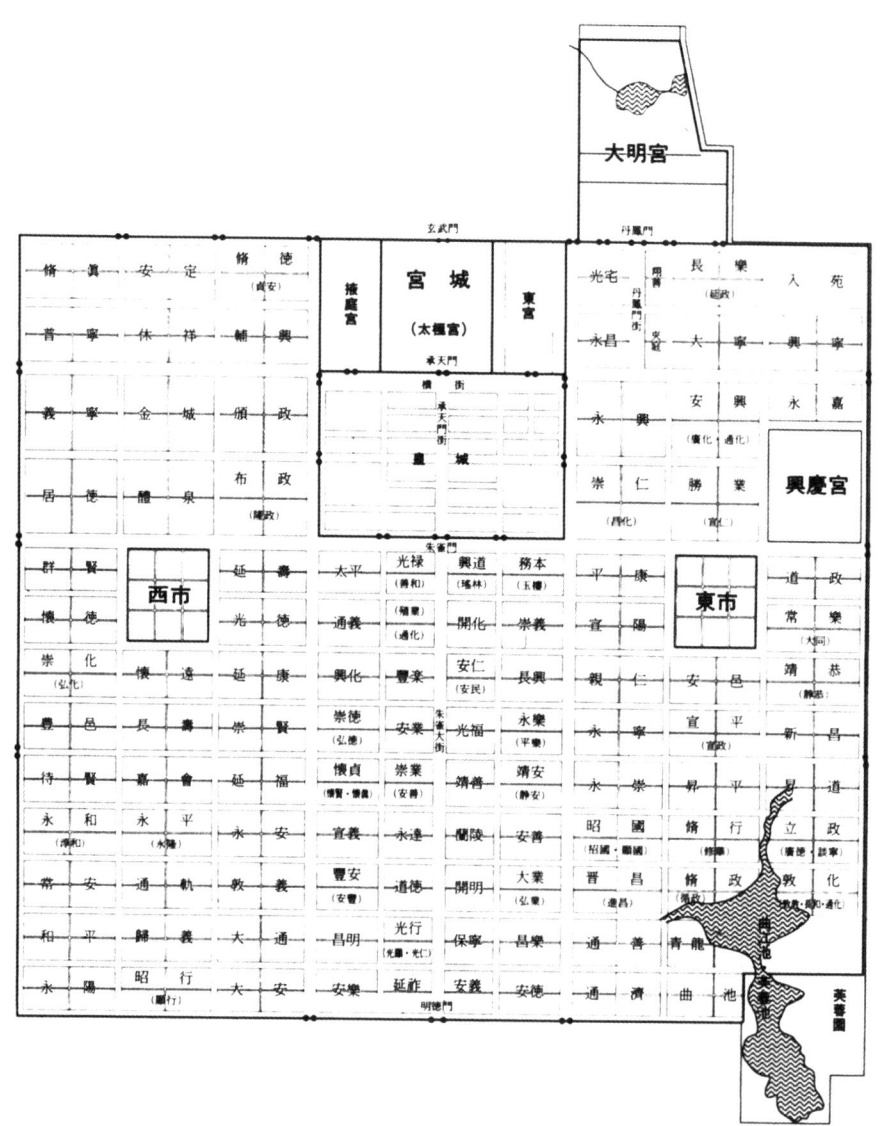

唐长安城图

遥远的长安

——遣唐使之旅

门胁祯二

引　言

今年（1994），京都恰逢平安京建都1200周年。为使大家易于理解，此处使用了平安"建都"一词。关于"建都"一词的实证依据，有专家举出《日本纪略》所录桓武天皇的诏书，其中出现的用例。并且，将该诏书中的"子来之民"一词解释为，人们如同仰慕父母的孩子一般仰慕桓武天皇，认为平安京是由这些人自主计划、合力完成的。这看来是崭新的天皇史观，却忽视了史料中关于建都时大量征苦力、强迫服徭役的记载。所以，笔者认为这并不符合日本历史上迁都、建都的实际情况。事实上，平安京是由天皇与极少数朝廷官员决定，并强征苦力建造而成。相对于"建都"一词，史实或许与历史记述中的"奠都"或"迁都"的词义更为接近。笔者过去一直积极参与"平安建都1200周年纪念活动"，但从个人角度来讲，使用"平安京1200周年"的说法更为恰当。

在研究日本古代都市时，我认为有必要把握两个方面。其一，日本最初的古代城市，其性质即帝都。另一方面，与欧洲国家和中国相比，国外的帝都除了是政治中心，还是港湾或工商业大都市。但是，日本古代都市发展较为落后，基本上只是政治都市。中央即平安京，平安京之前为平城京。地方上的"国衙"即地方政府机关，以此为中心，平安时代中期发展起来的"国衙都市"，只能发展为地方的政治都市。另一方面，港湾都市和商业都市是从中世的镰仓时代，确切地讲应该是从平安末期之后才发展起来的。

平安京整体上呈上述发展格局。但在平安京确立为都城之前，有很长一段作为帝都的历史。这一点将在后文详细谈及。现虽称作平安京，但"京"（kyou）原读作"kei"。

平安京的平面图中，中央北部为"平安宫"。古代的帝都，天皇所在的皇宫是中心，其南面设"京"。所以，帝都的"京"是以"宫"为中心向南和东西方向扩展。（平安京平面图详见《中国的都城、日本的都城》一文）

因此，平安京之前，有平城京和藤原京。藤原京是真正意义上的都城之始，平城京承袭了藤原京的形式。

但是，关于藤原京究竟是以哪座都城为蓝本建成，尚无定论。有观点认为是以北魏（4世纪末到6世纪初建国）的洛阳城为蓝本，另一种观点则认为是以唐朝的长安城为蓝本建成。提及长安，让人联想到唐代的长安。但是，以长安为都城的有十二三个朝代，对唐长安城形制保留最为完整的是渤海国上京龙泉府。日本都城的平面结构是南北向长，而渤海国上京龙泉府则是东西向长，与唐长安城较为相似。总之，日本第一个仿照中国都城建成的便是藤原京。

藤原京之后建造了平城京，其次是长冈京。另外，京都府域中有3个古代都城。其一是奈良时代中期的恭仁京，为临时都城，包括现在木津町到加茂町的一部分。其二是长冈京，第三个便是平安京。

唐长安城的面积大约是平安京的4倍。平安京和长安城相比，有很多不同之处。平安京的宫城仅南侧有城墙，但中国的宫城四周皆有城墙。笔者从前去长安时，陕西的朋友还提及将要修缮城墙并举办马拉松赛。所以，日本的都城在这点上有很大区别。另外，日本平安宫，整体称为宫城。但是，中国宫城分为皇帝生活的宫城和设有官衙的皇城，有宫城和皇城之分。日本天皇居住的皇宫、南侧的朝堂院、宴会场所丰乐院、处理朝政的宫殿都在一个区域，整个区域称作宫城。除此之外，还有其他方面存在差异。

那么，平安京为何选址京都？我们自幼接收的知识就是因为在奈良时代僧侣摄政，使得朝政大乱。于是，桓武天皇为了鼓舞士气，便将都城选址京都。那时，京都山清水秀。当然，这仅是其中的原因之一。近来，随着各种研究不断深入，笔者在拜读杉山二郎先生的著作时，注意到他提及在天平年间奈良曾流行过鼠疫。另外，还有为造大佛而在三笠山下修建的铸铜炉。当时铸铜使用了大量的铅，铅流进河中造成了严重的铅污染灾害。从东大寺大佛殿西侧进入戒坛院，有条小河流经，叫作白蛇川。为什么会起名叫白蛇川，据说是因为从上游流下来的白色铅就像白蛇蜿蜒爬行一样，因而得名。平城京由于瘟疫、铅污染灾害等原因，便结束了作为都城的历史。这与以往大家所熟知的观点不尽相同。

笔者年轻时曾在奈良工作过，参加了由市长亲自组织的古代都市公害调查队。古时，国民并不了解在瘟疫流行时应采取怎样的措施。经调查发现，他们有以下两种处理办法：其一是规定将所有被污染的东西，包括食物全部烧毁处理；另一个方法就是大力兴修水渠，将遭到污染的渠废弃、掩埋，再兴修新的水渠。这样，就出现了多条水渠。

所以，对于为何都城迁至平安京这个问题，本文将从不同于以往的角度进行思考。除了政治上的原因之外，还有上述诸多事件的发生，最终导致都城迁离奈良。长冈京经历了10年之后，又建成了平安京。

一、平安京与遣唐使

平安京与唐文化

平安京的建成，至今对于京都来讲都是一个至关重要的起点。可在有一次关于平安京的国际研讨会上，有学者认为不宜夸大古代平安京的作用。他认为现在的京都城，是在古代平安京历经平安末期的太郎、次郎烧毁，以及最为严重的应仁之乱等多次灾难毁坏之后，否定了原都城的规划布局，经多次反复改建而成。笔者对于这一观点持赞同意见。

但是，在这种情况下，今天的主题——"遣唐使之旅"，就不只是单纯的遣唐使的旅程、航线，更是从文化和精神之旅的角度，来看日本的发展，看我们如何在否定旧事物的同时创造新的事物。

上文讲到，平安京的都市规划，承袭了仿照中国几个都城建成的藤原京的形制。确切地讲，平安京的建造有意借鉴了长安城的布局规划。例如，由朱雀大街划分的左京和右京，分别被称为洛阳和长安。最为显著的是平安京的政治体制、制度等皆为唐风文化。延历十年（791）开始实行的删定律令以及797年的删定格令，都是由从唐学成归来的留学生吉备真备等人，将天平宝字元年（757）实施的养老律令修改编纂而成。另外，弘仁、天长年间（810—833），开始编撰大部律令注释书，法学因《令义解》《令集解》等注释书的问世得以长足发展。此外，大唐的密教、汉诗、汉文学、唐风书法等也兴盛起来。因此，平安京受唐文化影响非常之大。

谈到唐文化的影响，人们脑海里会立刻浮现出遣唐使的形象，但是，从平安京派出的遣唐使仅有两次。表1-1中列出了从平安京出发或来访的外交使节。关于渤海使或新罗使将会在后文谈及，遣唐使有804年派出的藤原葛野麻吕和838年派出的藤原常嗣，共两次。

但是，正如上文所指出的，平安京已经深受此前奈良时代遣唐使所带回的唐文化的巨大影响，并继承了下来。

表1-1 平安京的外交使节（1）

渤海使（渡日）

来访	归国	使节	随同者（来）	随同者（归）	到达地（其他）	出处
786（延历五年九月）	787（延历六年二月）	大使李元泰			出羽（入京）	《续日本纪》

续表

来访	归国	使节	随同者（来）	随同者（归）	到达地（其他）	出处
795（延历十四年十一月）	796（延历十五年五月）	吕定琳		送使御长真人广岳、桑原公秋成	出羽（入京）	《类聚国史》《日本纪略》
798（延历十七年十二月）	799（延历十八年四月）	大昌泰	送使滋野船白		（入京）	《类聚国史》《日本后纪》
809（大同四年十月）	810（大同五年四月）	高南容			（入京）	《类聚国史》《日本纪略》
810（弘仁元年九月）	811（弘仁二年四月）	高南容		送使林东人	（入京）	《日本后纪》
814（弘仁五年九月）	816（弘仁七年五月）	大使正孝廉（归途中死亡），副使高景秀			出云（入京）	《日本后纪》《类聚国史》
818？（弘仁九年）		慕感德				《类聚国史》（李承英上表文）
819（弘仁十年十一月）	820（弘仁十一年正月）	李承英		唐越州人	（入京）	《类聚国史》
821（弘仁十二年十一月）	822（弘仁十三年正月）	王文矩			（入京）	《类聚国史》

续表

来访	归国	使节	随同者（来）	随同者（归）	到达地（其他）	出处
823（弘仁十四年十一月）	824（天长元年）	大使高贞泰，副使璋璿			加贺（放还）	《类聚国史》《日本纪略》
825（天长二年十二月）	826（天长三年五月）	大使高承祖，副使高如岳			隐岐（入京）	同上
827（天长四年四月十二日）	828（天长五年）	王文矩			但马（未入京）	《类聚国史》《日本纪略》《类聚三代格》
841（承和八年十二月）	842（承和九年四月）	大使贺福延，副使王宝璋			长门（入京）	《续日本后纪》
848（嘉祥元年十二月）	849（嘉祥二年五月）	大使王文矩，副使乌孝慎			能登（入京）	同上
859（贞观元年正月）	859（贞观元年七月）	大使乌孝慎，副使周元伯			能登（未入京）	《三代实录》
861（贞观三年正月）	861（贞观三年五月）	大使李居正			出云（未入京）	同上
871（贞观十三年十二月）	872（贞观十四年五月）	大使杨成规，副使李兴晟			加贺（入京）	同上
876（贞观十八年十二月）	877（元庆元年六月）	大使杨中远			出云（放还）	同上

续表

来访	归国	使节	随同者（来）	随同者（归）	到达地（其他）	出处
882（元庆六年十一月）	883（元庆七年五月）	大使裴颋，副使高周封			加贺（入京）	同上
892（宽平四年正月）		大使王龟谋			出云（未入京）	《日本纪略》
894（宽平六年十二月）	895（宽平七年五月）	裴颋			伯耆（入京）	《日本纪略》《扶桑略记》《菅家文草》
908（延喜八年正月）		裴璆			伯耆（入京）	《日本纪略》《扶桑略记》《本朝文粹》
919（延喜十九年十一月）	920（延喜二十年六月）	裴璆			若狭（入京）	《日本纪略》《扶桑略记》《朝野群载》
929（延长七年十二月）	930（延长八年八月）	裴璆（东丹国史）			丹后（未入京）	《日本纪略》《扶桑略记》《本朝文粹》《扶桑集》

表1-1 平安京的外交使节（2）
遣渤海使

任命·出发	归国	使节	名称	随同者（去）	随同者（归）	出处
796出发（延历十五年五月）	796（延历十五年十月）	御长真人广岳、桑原公秋成	送渤海客使	吕定琳		《日本后纪》《类聚国史》《日本纪略》

续表

任命·出发	归国	使节	名称	随同者（去）	随同者（归）	出处
798任命（延历十七年四月）出发（延历十七年五月）		内藏宿祢贺茂麻吕	遣渤海使		大昌泰	《类聚国史》《日本后纪》（延历十八年五月）
799出发（延历十八年四月）	799（延历十八年九月）	滋野宿祢船白		大昌泰		《日本后纪》
810任命（弘仁元年十二月）811出发（弘仁二年四月）	811（弘仁二年十月）	林宿祢东人	送渤海客使	高南容		同上

遣唐使

次数	出发	归国	使节	航行	随同者（去）	随同者（归）
12	804	805	大使藤原葛野麻吕，判官菅原清公	南路4艘	橘逸势、僧侣空海、僧侣最澄	橘逸势、僧侣最澄
13	838	839 840	大使藤原常嗣，判官藤原贞敏	南路4艘	僧侣圆仁	
14	894（任命）	（停止）	大使菅原道真			

遣新罗使

任命·出发	归国	使节	随同者（去）	随同者（归）	出处
799任命（延历十八年四月）	停止（延历十八年五月）	大伴宿祢峰麻吕			《日本后纪》
804（延历二十三年五月）		不明			《三国史记》（哀庄王七年三月）

续表

任命·出发	归国	使节	随同者（去）	随同者（归）	出处
804（延历二十三年九月）		大伴宿祢岑万里			《三国史记》（哀庄王九年二月）
806（大同元年三月）		不明			《续日本后纪》
808（大同三年二月）		不明			《三国史记》（宪康王四年四月）
836任命（承和三年闰五月）	836（承和三年十月）	纪三津			《三国史记》（宪康王八年四月）
878（元庆二年八月）		不明			《三国史记》（宪康王四年八月）
882（元庆六年四月）		不明			《三国史记》（宪康王八年四月）

新罗使

来访	归国	使节	随同者（来）	随同者（归）	出处
803（延历二十二年七月）		不明			《三国史记》（哀庄王四年七月）
840（承和七年十二月）	840（承和七年十二月）	张宝高的遣使		（放还）	《续日本后纪》
922（延喜二十二年六月）		甄萱的遣使辉蔺		（放还）	《扶桑略记》《本朝文粹》
929（延长七年正月）	929（延长七年五月）	甄萱的遣使张彦澄		（放还）	《扶桑略记》

奈良时代之前的遣唐使

提到遣唐使，教科书一般认为始于630年（舒明天皇二年），但编撰《日本书纪》的奈良时代贵族们，却认为最早的遣唐使，其实是遣隋使。唐之前有一个帝国——隋，他们对于这一点非常清楚。但《日本书纪》中却记载，遣隋使小野妹子出使"唐国"，归国时带回了"大唐客裴世清"等人。而且，对于《隋书》中明确记载的600年倭国首次派出遣隋使一事只字未提，而是将第二次607年派出的遣隋使作为首批。如果从600年算起，那么，截至平安时代之前，先后已经任命并派出了14批次遣唐使。

在此期间，日本从7世纪末开始实行律令制，即仿唐朝律令形成的法制体制。但是，与其认为律令制是直接从唐朝引进，毋宁说是经新罗传入日本更为确切。仅从这点来看，在大宝令颁布的大宝元年（701）任命、派遣的第9次遣唐使之后，意义上较之以往发生了很大变化。虽作为朝贡使的身份没有改变，但随行的留学生、留学僧的作用却比从前重要得多。随着日本律令制的进一步完善，在派遣遣唐使时，都会更明确地给他们分配不同任务，规定学习内容，要求他们吸收特定方面的知识，特别强调儒学和各门学科知识的学习。

遣唐使来到唐朝时，特别是唐玄宗在位年间（712－756），大唐结束了持续多年的政治纷争，成为堪称世界第一的大帝国。唐朝重新建立了濒临崩溃的均田制。均田制管理下的农民超过了800万户，长安人口多达100万。来自亚洲周边地区的国家，以及丝绸之路上经过的西方各国的大量人才、丰富的商品、灿烂的文化汇集于唐都长安。长安成为名副其实的国际化大都市。而且，玄宗勤于学习，聘请许多学识渊博的人前来讲学，并收集大量典籍，编撰了中国现存最早、最完整的刑法法典——《唐律疏议》[①] 和最早的行政法典——《大唐六典》。大唐帝国的繁荣景象，除遣唐使、渤海使之外，也通过往来的新罗使传播到了日本，使得日本贵族的

---

① 译者注：《唐律疏议》是唐高宗永徽年间完成的法典，并非玄宗所编。

目光不断投向大唐，特别是长安。虽然相隔万里，但他们不惧艰险，一旦出海，目的地便直指长安。

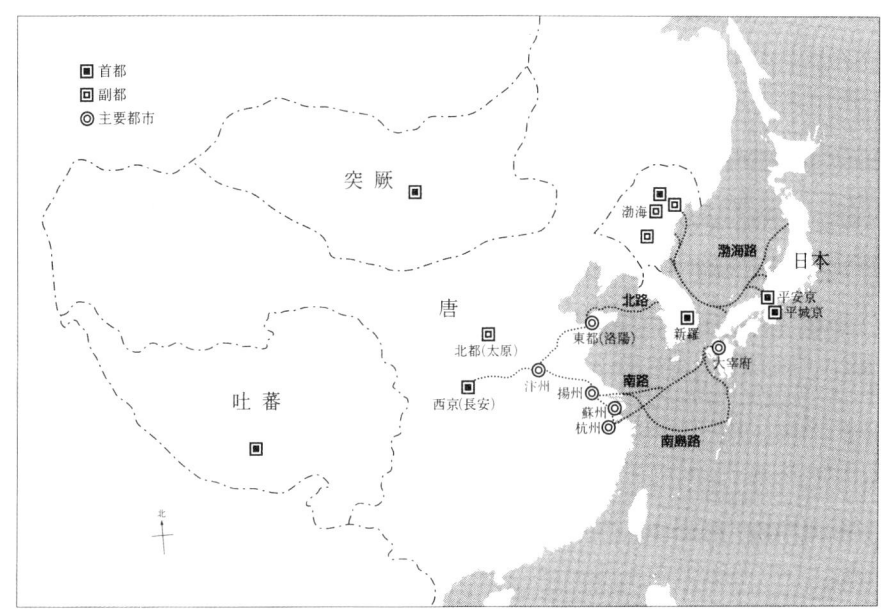

图1-1 遣唐使航海图

遣唐使各自参加完家族宗室祭祀仪式之后，拜见朝廷，接受护送使赐赠的大刀，从难波津出发，驶向筑紫。在太宰府稍事停留，取道南岛路线时，从大津浦（博多）沿冲绳列岛南下，中途停靠扬子江口，然后穿越东海。南路是从大津浦出发，经五岛列岛的中通岛相子田浦（上五岛町相河）、福江岛川原浦（岐宿町川原），借助风力穿越东海。

遣唐使一行从大使到水手，每一批次的人数有400—600人。而且，大使、副使是以政治家、外交官身份出使。前来学习文化的使者均明确各自的学习目的。例如，"请历生"的任务就是专门学习历法。另外，还有现在所说的长期留学生和短期留学生：期间出席各种礼仪外交场合，之后如期而归的叫短期留学生；滞留在中国，乘坐后面批次船只返回的叫长期留学生。

"往学盈归"的真备之影响

在这些留学生中,有一个人被形容为"往学盈归",他就是在外学习,博学归来,受唐文化影响非常之深的吉备真备。他跟随遣唐使多治比县守,在养老元年(717)与阿倍仲麻吕一同来到大唐,到天平六年(734)回国之前,一直在长安学习。他所学内容大致可分为三部分:

(1)"五经""三史"的学习。他跟随先生赵玄默全面深入地学习汉学。其中有以《礼记》为主的"五经"(《易经》《书经》《诗经》《礼记》《春秋》),以《汉书》为主的"三史"(《史记》《汉书》《后汉书》)。在他回国之前,日本大学的课程中没有"三史",后来将"三史"作为了教科书。所以,科目增设与吉备真备学成归来所带回的学问及讲学不无关系。

(2)习得各种技艺。吉备真备学习了明法(法律学)、算术、音韵(汉字的发音)、籀篆(籀创建的大小篆体)①、天文、历法、兵法等。他也买回了各种兵器、测量器等。回国后,他在守卫太宰府、平定惠美押胜之乱时都发挥了卓越的军事才能,还在大学教授自己在长安所学。

(3)购买书籍。吉备真备购买了大量书籍运回日本,这在唐朝官员心中也留下了非常深刻的印象。据《旧唐书·东夷列传》记载,吉备真备将所得赏赐全部换成书籍,用船运回国。他回国之后将那些书籍捐献给了朝廷。另外,与真备同行回国的玄昉,也带回了5000余卷经卷。可见,当时的遣唐留学生、僧侣们非常积极地收集、购买经书。

此后,奈良时代相继发生多次政变。其间,遣唐使一行3次入唐,随行的留学生、僧侣们所学的重点内容,从法学、国家佛学渐渐转向汉文学、新佛教。

---

① 译者注:籀文是春秋时期流行于秦国的一种字体,籀篆即大篆。

遣唐使对唐文化的接受

遣唐使吸收了大量的唐文化。只是，很少看到一些有关遣唐使的报道。观看了本次展览之后，才发现在他们所接受的唐文化之中，有一些在如今人们的日常生活中仍能够真切地感受到。

例如，在展览会场的四层，贴有章怀太子的墓志拓本。从四层下来的空间被布置得像墓室，走进去，最里面有碑文。碑文是章怀太子（684年殁亡，在706年陪葬于父亲高宗的乾陵旁）711年被追封为太子时的碑文。此碑文的第三行写着章怀"太子"，系"太宗文武圣皇帝之孙"，唐代最繁荣鼎盛时的"高宗天皇大帝之第二子"，以及"今皇上之兄也"。此处"高宗天皇大帝"几个字特别引人注目。

对于"天皇"的名号始于何时，众说纷纭，大致可分为两种不同观点。一种认为可追溯到古代7世纪初的推古朝时期。当然，原本代表"天帝"的"天皇"这一古老词语涉及道教，但并不指人，而是指星体，即北极星。其意从支配上天的星体延伸到上天以至于宇宙的支配者。由此看来，这是一个原本带有浓厚宗教意味的词。"天皇"一词产生于中国，但日本仿照此用法，将"大王"一词也用于指人，有观点认为这最早始于日本的推古朝，也有观点认为是稍晚的天武朝。总之，始于7世纪初或者7世纪末。但是，到了唐王朝，对于7世纪中期的高宗（649—683在位），在8世纪初的碑文上却写着"天皇大帝"。笔者看到此碑文时大为震惊。原来，在中国指高宗这个具体的人时也称"天皇大帝"。在日本，最初仅限于使用"大王"一词，后来使用"大王天皇"，有将圣德太子称为"大王天皇"的用例。

从这点上讲，需要表述的问题较多。笔者曾经听过这样的一种说法，或许"皇帝"一词出自"天皇大帝"一词。倘若如此，"皇帝"一词应该更为古老。日本，在律令制下，国内称为"天皇"，但在国际公文或国际外交上称"皇帝"。对于此问题，今后应该进一步进行研究。

另外，在本次展览会上还展出了法门寺茶器，非常珍贵。这还是首次在海外展出。说到日本茶道的中心应该非京都莫属了。但是，此前在长冈京遗址中出土了似乎是茶杯或茶道中烧水用的锅。这也许比中世之后称作传统艺术的茶道，起源更为久远。不过，此前的结论是第一个把茶种带回日本的人是最澄（传教大使），但实际上，最澄本人根本没有到达长安。所以，他带回的茶种应该是乡下农村的茶，也许是哪里的茶种在本质上也没有什么区别。此次展出的只是部分茶器，请大家到长安（西安）当地去参观一下茶器吧。（此部分内容详见第二部分《品茶的世界》一文）

空海在长安有可能接触到这样的茶器。已经有部分论文开始研究，在遣唐使中，有的知名度也许不如最澄、空海，但也可能接触到茶。如果在最澄之前，茶已经传入日本，且平城京已有人学习过茶道，那么，在长冈京遗址中发掘出茶杯、煮茶锅就不会有任何疑点。茶文化从长冈京延续到了平安京。

总之，传到日本的唐文化内涵，不应仅局限于教科书上所讲到的内容，希望大家多利用这样的机会参观，开阔视野。从唐吸收的文化，基本上是与贵族教养有关。当时，遣唐使是分乘4艘船，以400—600人的规模前往长安，官员们到达长安后，主要完成外交、政治任务。船夫们则一直在港口等候，此时，他们接触到了国外生活。展览中，展出的有建筑物的结构图、一般民众的生活画面等，都是他们能够接触到的。毋庸置疑，他们的眼界开阔了。

二、小野篁"下船"事件

副使小野篁

承和五年（838）遣唐使藤原常嗣出发时，发生了"小野篁'下船'事件"。之所以提起此事，因为在遣唐使中断的历史上，此乃不可忽视的一个事件。教科书上写道，菅原道真原本已被任命为遣唐使，但由于中国发生了内乱——黄巢起义，政局不稳，于是，菅原道真向天皇上书，遣唐使就被终止。事实也的确如此，实际上在840—894年的五六十年间就已经中断。从这个意义上讲，笔者认为小野篁838年的下船事件，不得不引起重视。

此事件在《续日本后纪》中有相关记述。另外，还有一个史料，就是在小野篁去世时为其所写的《薨卒传》。《薨卒传》是地位身份高贵显赫者（原则上身份在第五等级以上的贵族）去世时，对其一生进行回顾的传记。这在日本六国史中第五部史书《文德实录》中有记载。《续日本纪》记述的是奈良时代的历史，这个时期的《薨卒传》，记述了逝者生平并评价其生前功绩。但从《日本后纪》的平安时代初期开始，内容则有所变化。不仅有称赞之语，也毫不留情地进行批评。位居要职的官员去世时，当然有对此人出身于哪个名门望族等有关生平的记述，但同样有批评的内容，例如"历任要职，但政绩平平"等。对于女性也出现负面的评价，例如，对某内亲王评价为"容貌出众却无情操"。

出现如此现象，是因为人们看待贵族社会的目光发生了很大变化。社会仅依靠出身好、大学毕业的贵族治理，这种原有的政治模式已无法维持。奈良时代，整整74年间大学毕业的人数仅有区区十三四名。因为贵族子弟虽能上大学，但入学之后却很难顺利取得毕业资格。所以，社会逐渐发生了变化，开始任用那些家庭门第不那么显赫但有能力的人才，实施唯才学、唯能力是举的能力主义用人制度。这样，人们看待贵族的目光变得更加严厉。《薨卒传》就是在这样的时代背景下写成，内容有了很大变化。

小野篁属于后者。小野氏比藤原氏、大伴氏门第低。小野家族祖上，与大和的春日氏、和迩氏有往来。7世纪初，此姓氏中有名的人物有小野妹子。那时，京都的山科地区、周山附近的高雄也有姓小野的，比叡山西麓还出现过小野毛人的墓志。翻过山到近江一代，现在志贺町的小野地区有小野神社。不过，对于小野氏的真实情况史料掌握不多。奈良时代的政界中枢没有小野姓氏的人。直到平安初期，小野岑守及其子小野篁才渐渐引起人们的注意。

小野篁非常出色，于承和元年（834）被任命为遣唐副使（当时为聘唐使，次官）。此时的遣唐大使（长官）是藤原常嗣。藤原氏自古以来就是名门。

小野篁的下船理由

此时遣唐使乘坐的船也有4艘，而乘坐第一艘船的人需要通过占卜来决定，长官和次官不同乘一艘船。这批遣唐使于836年和次年再度出航时遇难。所以，838年第三次出航时，长官藤原常嗣觉得自己所乘坐的那艘船船况不好，心中感觉害怕，要换乘第二艘船，也就是小野篁乘坐的那艘船。小野篁感觉非常气愤，怒斥怎么会有如此蛮横不讲理之事。小野篁小的时候跟随父亲岑守从军征战东北的"虾夷"。他体格强健，但厌恶学习，回到都城整天骑马游玩。听闻此事的嵯峨天皇训斥其顽劣不羁，从此，他便发奋努力学习。他身高六尺二寸，在当时就算人高马大了。他虽然家境贫寒，但尽心侍奉母亲，非常孝顺。从官府领取的俸禄等都接济家人、朋友。他就是这样一个性格的人。所以，在要求交换船只时，他断不接受，并拒绝登船。这是其性格使然。

这里，笔者所关注的是《文德实录》怎样记载关于他拒绝登船这件事。即，第一艘船的大使藤原常嗣，"以己福利，代他害损（为了一己私利，把损害强加给别人），论之人情是为逆施（从为人之道来讲，完全是有违为人之道），既无面目（这种事太不体面了）"。这件事无论从情理、事理还是其为人的人品上来讲，都不能认为其行为妥当，这是其一。其二，小野篁明确表示如果自己因此坐上第二艘船，如何对率领的100多个部下负责？再者，他声明自己"篁家贫亲老（家道贫寒、父母年迈），身亦尪瘵（身体亦多病），是篁汲水采薪当致匹夫之孝（所以，与其远赴大唐，还不如回农村，打水砍柴，过普通人的日子以孝敬父母）"。总之，是想通过这样的行为表示，自己不想屈服于长官利己的自私行为远赴大唐。

但是，他并非始终都对大唐情况漠不关心或缺乏相关知识，他在当时是一个具备很好唐风教养的有识之士。

小野篁的唐风教养

如何了解小野篁的唐风教养？"近者太宰鸿胪馆有唐人道古（最近九州的太宰府的外交官邸来了一个叫沉道古的中国人）"，这个人曾经领略过小野篁的汉学修养、才能，因诗歌唱和与他有过接触，对他卓越的诗文禀赋、才能大加赞赏。但是，小野篁因为违背天皇命令下了船，被流放到隐岐国并除名。所谓除名就是被剥夺贵族身份。而且，"配流隐岐国在路赋谪行吟七言十韵（在流放隐岐国途中，吟诵一句七言十韵的精彩诗句，足见其深厚的汉文功底）"。精妙的七言十韵诗文，韵味优雅、意味深远，"知文之辈莫不吟诵（喜好诗文的人无不欣赏吟诵）"——他具有如此深厚的汉文造诣。也就是说，他不必甘愿听从交换危险船只的命令去唐朝学习。

另外，在《续日本后纪》中，对此有简单记述。他那时不仅是作诗，还"作西道谣以刺遣唐之役（自己写九州地区民间流行的民谣，又借民谣所唱内容讽刺所谓遣唐使就是造船、收粮、征发大批苦役，已成为国家沉重负担）"。

提及西道谣，不仅是小野篁，菅原道真在流放九州时也经常写西道谣，唱诵地方百姓，特别是九州民众的不满与遭受的苦难，对都城的贵族进行抨击。小野篁则是通过西道谣讽刺遣唐使。另外，当时的贵族社会中，未远渡唐朝也具备唐风教养的人非常之多。例如，纪贯之就是其中有名的一位，他在从土佐回都城的途中写了日记，而且专门使用假名文字来书写，他原被称作"第一之本识"之人。从这个角度也说明，当时和歌的六歌仙等，被认为是无学识之人。因为，那个时代所认为的"学"即汉学。平安时代的贵族即以这样的方式，习得唐风文化，获得唐风教养。

三、从官使到商人之路

遣唐使之路

首先,来看最澄(传教大使)和空海(弘法大师)所走过的道路。二人随同一批遣唐使出发,延历二十三年(804)七月六日从九州出航。图1-2的单点、双点波折线分别表示第一、第二艘船的航线。此图有助于了解他们远赴大唐和回国的线路。

第一艘船,大约在一个月之后的八月十日到达福州附近的小港口。进入设有官署衙门的福州是在十月三日。此时,能够存活下来已属万幸。因为到了日本的外国使臣常常会遭到当地人的杀害,所以,对于他们来说能否进入官署衙门成为首要问题。在此紧要关头,据说是空海的一手好文章起了关键性作用。福州现在是作为船民的出海口而为人所知,而我个人在19岁上前线时,在这里有过一段艰辛痛苦的回忆,作为派往福州的敌前登陆队的补充士兵,在此驻留半年。我在败势已成定局时住进野战医院,并在对上海的撤退作战中成了俘虏。很多战友阵亡,非常痛心。那时19岁的我学问尚浅,对于弘法大师曾漂流至此一无所知。而且,作为俘虏被收容,关押在闽江上游山里面一个叫南平的地方。日本8月15日战败之后,从11月初到第二年(1946、昭和二十一年)的1月4日期间,我走过了与当年弘法大师走过的前半段完全相同的路,这在当时并不知晓。我们穿着破烂不堪的白色衣服,被绳索捆绑连在一起,赤脚被拉着前行,一路还要抬起倒下的人。最后到了抬别人自己就面临死亡的境地,只好放弃那些自己无法行走的伤病者。数十人中最终只有7人到达上海南部。那路确实只能靠步行。空海他们十一月三日从这里出发,过长江,于当年十二月二十三日进入长安。此时,乘坐第二艘船的最澄到达明州,与遣唐副使们告别,未入长安,沿着实线所示路线到台州的天台山之后,经过越州返回了明州。这就是遣唐使之旅：首先要面对的问题是能否安全到达中国港口；即使安全到达，又能否顺利进入长安。遣唐使去往长安的路途，是随时有可能遇难、充满艰险的海路与漫长的陆路之旅。

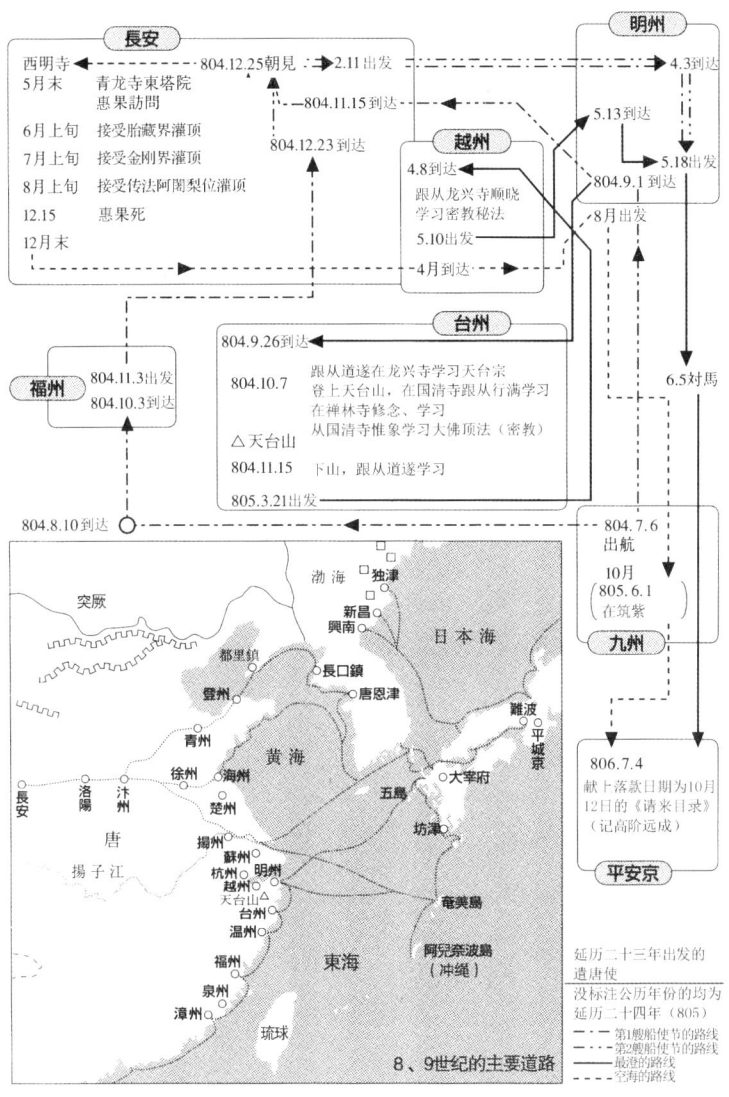

图 1-2　空海、最澄的遣唐使之路

渤海使之路

渤海使，正如表1-1所示，共派遣了24次，自795年以后，有15批次秋至冬季入平安京。近来，日本海文化（日本海为古代日本之门户）终于开始受到关注。日本自大正时代起，就有先觉者开始重视海上线路，吾等也仅在20多年前才开始强调其重要性。最初，大家认为根本不存在什么日本海文化，但在京都府的丹后发掘出了弥生时代制作玉、水晶的较大规模的工坊，以及日本最古老、最大的制铁遗迹——远所遗迹，即古坟时代使用砂铁冶铁的一个遗迹，在此发现了日本唯一的一把双龙金色环头大刀；还有，最近出土了比卑弥呼遣使年代更久远的古代东汉镜、魏青龙三年铭镜。自此之后，人们才迅速开始关注丹后这个了不起的地方。

从这个角度讲，包括丹后在内的整个日本海线路，经常进出此处的无疑便是渤海使。因为他们过于频繁地来往于此，甚至招致了平安京宫廷内的厌恶，命其往来时间间隔应更长一些，例如可12年1次等。但宫廷无法阻止活跃的贸易往来，贸易中交易的物品，正如很多人已谈及的，有貂皮、豹皮、虎皮、人参、蜂蜜、药草、陶瓷器等。

然而，笔者在此特别要强调的是，日本从7世纪初到明治时期改行太阳历，其间有9次改变历法。从平安时代初期到江户时代的823年间，使用时间最长的唐代宣明历，实际上是由渤海使带到日本的。因是大唐发明的历法，一般容易被误认为是由遣唐使带回。事实是渤海使，他们漂流到能登半岛前端的珠洲之后带回我国。而且，带回日本时，平安朝的贵族们并未认识到此历法的精妙之处，直到渤海使回去之后，才从被搁置一旁的文书中发现了历法，经过反复检验，其精准度为天文博士大加赞赏，随后才开始正式采用此历法。特别是日本近代，在开始发展资本主义之前，从生产到各种活动再到生活的各个方面很大程度上均受历法制约，历法对日常生活影响非常之大。渤海使带回的一切，对于日本文化和日本人的生活影响深远，影响之大远非毛皮等物品能相比。

从日本传到渤海国，有一种特殊的东西——茶树油。至于茶树油如何使用，据了解，富山大学名誉教授高濑重雄先生一直在从事此方面研究。是用于擦拭武器、抹头发的化妆品，还是作为长生不老之药？总之，对于其用途不得而知。渤海使曾特别提出要带回茶树油，他们带了两桶回去，不过仅此一次。

另外，改名为中国名字惠美押胜的藤原仲麻吕，对于长期留学中国、深得唐文化精髓的吉备真备深感厌恶，经常捉弄整治他。也许是成心与其作对，在改名的同一年，天平宝字二年（758），藤原仲麻吕将中央政府机关八省的名称全部改为渤海式名称，这些名称持续了数年。一直到前不久，辞典上还错误地称其为中国名称，将中务省称作信部省、民部省称作仁部省、刑部省称作义部省……

另外，还有使人感到痛心的是，宝龟七年（776），在迁都平安京的20—30年前，当时的日本政府曾将日本11名舞女赠送给渤海国，她们最终的命运如何？在次年（777），新、旧《唐书》中均记载，渤海国给唐王朝献舞女11名。所以，由此推断，她们最后并非死于渤海国，而是到了唐王朝。早在藤原仲麻吕，也就是惠美押胜时期，在宴请渤海使的宴会上，就有让舞女、歌女来表演的记录。舞女是否就是从那个时代开始并延续下来？遗憾的是鄙人不是作家，否则，会从不同角度来写这段历史。每读到、讲到相关内容，就感到非常痛心。

通过日本海从渤海国接受的唐文化来看，今后还将挖掘出土更多文物。上文所介绍的仅为自己所留意的一些例证。三上次男先生等所做的渤海陶瓷工作具有开创性，今后会受到越来越多的关注和积极评价。关于渤海遗迹的发掘与研究，不仅日方，中方也在迅速展开。

遣使从日本出发，正该是横穿日本海进入渤海国港口。到达渤海国之后，到底是横穿朝鲜半岛北部、西出海路或别的什么线路进入山东，还是北上进入现在中国东北部的延边，然后去汴州（现在的北京）① 方向，还

---

① 译者注：汴州是现在的河南开封。

不十分清楚，但笔者认为存在多条线路。

一定有一条线路从渤海国通往内陆长安。《日本国见在书目录》中，能够查阅到用于敦煌僧侣、豪族子弟教育的教材。从长安进入日本的敦煌文书、书籍，笔者认为90%经由渤海国传入。总之，与渤海国之间的交流范围极为广泛，不能狭隘地认为仅限于渤海国特产，所有唐代的东西，如上文所列举的具有代表性的宣明历等均由该线路传入。所以，平安京派出的遣唐使虽仅有两次，但渤海使的频繁往来，大大弥补了其不足。

另外，在平安京首先出现了汉诗集。《文华秀丽集》《经国集》《菅家文草》等，书中相互应酬所和的汉诗，专家称之为"酬唱文学"。但这些诗歌最初的原型，是日本海沿岸诸侯国官署在当地与渤海使飨宴时所唱的歌词。基于此，平安京汉诗、汉文学的产生不应认为仅限于平安京，应以更为开阔的视野来研究此问题。

但是，日本海沿岸的人们对于频繁来往的渤海使并不热情，原因是接待非常辛苦。将他们安置在何处、准备些什么物品等，均需有周全的考虑。仅食物一项，就不能只准备些大米和鱼，官署指定要有肉、韭菜之类。根据他们的喜好进行安排，就是一大负担。另外，还要专程从京都派会讲渤海话的官员来越前国官署等。

新罗使之路

新罗于660年、668年分别消灭了百济和高丽，朝鲜半岛基本进入了统一的新罗时代。日本在壬申之乱后，与新罗的关系变得更为密切；可到了藤原仲麻吕政权时期，又把新罗作为假想敌。所以，在梳理两国关系时，应划分不同时期。因为两国这种不稳定的关系，日本遣唐使中，有人通过朝鲜回了国，也有人则中途去向不明。

进入9世纪后，日本与新罗的关系开始趋于稳定。同时，与政治、外交关系相比，民间的商业贸易关系更显突出。所谓太政官符，即中央的太政官向地方官署下发的命令文书。弘仁四年（813）的太政官符中有"新罗译语"，正如史料所示，民间贸易一般雇佣翻译来进行交涉谈判。弘仁十年（819）的太政官符中有"新罗乐师四人"的记录，说明当时引进了新罗的乐舞。另外，承和五年（838）的太政官符中写有"新罗商人往来不绝"，这正是小野篁拒绝上船的那一年，从史料中可了解到，在东亚，商人的活动亦很频繁，引人关注。

但是，对于"商人"一词，希望大家注意。日本是一个商业并不发达的国家，所以，笔者认为此史料中使用的"商人"一词，属古代最早使用。日本国内当时并没有"商人"一词。在表达此意时或写作"赁车之辈"，或使用"犬羊之徒"，似乎均不用来表示一般自由的商业行为。

对于此观点，也许有人会提出论据反驳——平安京不是有东西市吗？既然有市，商业怎会不发达？的确有市，但运送到那里的商品，商人并不能够自由买卖。虽也开始出现一些可自由买卖的商品，不过，东西市的商品基本上是作为政府租庸调上缴的税，这些商品分发给官府、寺院，剩余的方可在市场上销售。所以，这与商人应有的自由商业行为，即把进回来的货品拿去交易的市完全不同。

顺便提一点，东西市的商业活动的确不太引人瞩目（基本上是根据法令保留下来的），但是，古代的市并不仅仅是买卖物品，也是惩处犯人的地方。因为，古代人不懂文字，所以，须在大庭广众之下惩罚。例如，偷人东西要杖打八十下等，使大家知道偷盗会遭受刑罚，以起到恐吓威慑作用。所以，不能把古代的市单纯理解为买卖东西的地方。这就是此史料中"新罗商人"出现的背景。平安朝的贵族不得不开始容忍频繁往来的外国商人们的商业贸易活动。而且，接下来还有"新罗商船"。这是9世纪中叶前后出现的变化。

新罗商船、唐商船之路

连接长安的路自此时起，明显变成民间利用的通道，不同于此前官使——公家政府的使者经过之路。通往长安的路，包括经由渤海国和新罗之路在内，原来通过的均为官使，但此时开始变为商人之路。这是因为在东亚国际贸易的发展过程中,人们的行为也在发生变化。日本遣唐使中之所以出现像小野篁这样的人,也是因为在这样的大时代背景之下。此时,已开通了以商人为中心、不同于官使之路的新的民间商人之路。另外,开创天台宗密教的圆仁,起初跟随838年的遣唐使入唐,停止派遣遣唐使之后,乘坐外国商船前往。圆仁等平安时代很多僧侣都是搭乘唐、新罗商船渡唐。

表1-2 遣唐使废止后的商船通行情况表,引自《亚洲中的日本史Ⅲ》(东大出版会)龟井明德先生所著《唐代陶瓷贸易的展开与商人》一文。

表1-2 遣唐使废止后的商船通行情况表

船主船员	出发港口	到达港口	出航年月日	到岸年月日	航海天数	搭乘者	出处
唐人张觉济,新罗人王?、李信忠		出羽国(漂至)		弘仁十年(819)			《入唐求法巡礼行记》
唐人李隣德	明州		承和九年春(842)			惠萼	《入唐求法巡礼行记》
唐人李处人	肥前国值嘉岛		承和九年八月(842)			惠运	《安祥寺惠运传》
新罗人张公靖等26人	楚州	长门国	承和十年(843)	承和十年十二月癸亥		仁好、顺昌	《入唐求法巡礼行记》《续日本后纪》
日本人神御井等	明州		承和十四年四月(847)				《入唐求法巡礼行记》
唐人张支信、元净等37人	明州望海镇	肥前国值嘉岛那留浦	承和十四年六月二十二日(847)	承和十四年六月二十四日	3	惠运、仁好、惠萼	《安祥寺惠运传》《续日本后纪》

续表

船主船员	出发港口	到达港口	出航年月日	到岸年月日	航海天数	搭乘者	出处
新罗人金子白、钦良晖、金珍等44人，唐人江长	苏州松江口	肥前国鹿岛	承和十四年五月十一日（847）	承和十四年九月十日		圆仁、惟正、性海、丁雄万	《入唐求法巡礼行记》
唐商53人，1船				嘉祥二年八月（849）			《续日本后纪》
唐客徐公祐	明州	鸿胪馆		大中六年（852）			《高野杂笔集》附录唐人书馆
唐商钦良晖				仁寿二年闰八月（852）			《智证大师传》
唐人李英觉、陈太信	广州			齐衡三年（856）			《智证大师将来目录》
唐商李延孝	明州	值嘉岛旻美乐	天安二年六月八日（858）	天安二年六月十九日	11	圆珍	《智证大师传》
唐商李延孝等43人	[明州]			贞观四年七月二十三日（862）			《日本三代实录》
唐商张支信	明州			贞观五年四月（863）		贤真、惠萼、忠全等	《头陀亲王入唐略记》
唐商詹景全				贞观六年（864）			《上智慧轮三藏决疑表》

＊注：[ ] 是根据前一次来日时离港地所进行的推测。

9世纪，出现了不同于遣唐使的船——商船，其中有唐人乘坐的船，有唐人和新罗人一起乘坐的船。商业无国界，不分唐人、新罗人，大家一起进行国际贸易，也出现了日本人的船。所谓国际贸易，这个时期主要是海上活动的商人们不论国籍，通过相互间协作形成贸易规则，而非各个国家自行制定。各国商人主要以这种形式，相互协作开拓通道。于是，开始出现一部分人希望去堪称世界大都会的长安或者东亚各地，学习中国文化、国际文化。他们无须搭乘遣唐使等官使的船，便可自行前往。笔者在引用上述表格的论文中，是通过陶瓷器证明了这一点。

结　　语

平安京与平安贵族吸收了各种不同形式的唐文化，但进入10世纪，却创造出了国风文化。当然，国风文化并非否定了唐文化，相反是在重新吸收唐文化的基础上产生、形成。

具体讲，国风文化的特色就是与自然、风土相协调。创造出国风文化的，诸如小野篁、菅原道真、纪贯之等，都是一些具备一流唐风教养之人。但同时，他们还具备一个共同点，那就是了解当时地方、农村正在发生的变化。他们具有这样独特的观察视角。9—10世纪正值农村旧秩序解体，农民开始建立新的村落秩序，积极建设灌溉设施，农耕技术得以迅速发展的时期。平安贵族们都意识到这一变化，自然应该是好事。例如，在天庆八年（945），平安京西面水无濑一带，一群人抬着"设乐神"的"神舆"进京。贵族们以为从地方农村抬进来的是什么可怕的神灵，吓得浑身发抖。其实只是农村信仰中威严的八幡神。他们唱着祈求丰收的民谣，抬着"设乐神"的"神舆"来到了京城。这样，从前只将目光投向中国的贵族们，开始关注国内的地方、农村。这是其中一方面。

另外，与平安京贵族开始频繁交流的地方富豪层，他们的兴趣爱好皆为京式、大唐式趣味。最能说明问题的是《宇津保物语》中关于神奈备种松的故事。他在纪伊的牟娄郡海岸修建了房屋，虽然迎来送往的皆为京城的皇子和贵族，但其生活始终根植于农村，他建立了粮食生产、调味品制作、施工等一整套自给自足的生活模式。他喜好大唐式样的家用器具，建厂同样请了城里有大唐手艺的匠人。这样的生活方式，促使一种与周围环境、风景相协调的独特庭院园艺的产生。

我在京都修建房屋、院落时，曾有一位园艺师（今已亡故），起初建议房屋四周种植不一定名贵但长势好的树木，而后可再种植罗汉松、杉树等。后来又谈到庭院，便建议我应在东侧种植春季开花之树，南侧种落叶松，西侧植红叶树，北侧植常青树。我当时想，这样的奇思妙想到底源自何处？原来是仿照《宇津保物语》中神奈备种植了松树的庭院式样。京都就有这样的奇异之处，匠人们不可能读过《宇津保物语》，但内容却口头传承至今。这就是京都文化魅力所在。曾经最高雅的文化，竟然扎根于平城京民众之中，并保留至今。

总之，笔者认为，国风文化是在高水平唐文化与技术的基础上，以新的视角巧妙利用日本素材和自然所创造出的文化。

今年（1994年），正值纪念平安京建都1200周年。如果去京都的书店，平安京相关的图书展柜应格外引人瞩目。其中，大约半年前，一些有关京都历史、文化、艺术、自然等内容，如很早便开始动笔书写的《京都特色》，以及《魔界都市平安京》《关于京都妖怪》等书均受到关注。但是，一个具有1200年历史的都市，所呈现的文化一定是丰富多样的。要研究魔界、怪异的文化，任何城市都能提供相应的素材。但从历史当中挖掘出点什么，才是我们积极生活下去所应具有的态度。京都有其他城市所没有的、值得去挖掘之处，这当然不是指关于魔界、妖怪等方面的内容，而是作为京都文化原点的唐文化：这包括空海、最澄从大唐学习而来的人人平等的宗教思想，以及汲取大唐美术、艺术文化而创造出的和式国风文化。当然，那是带回这些并创造出新文化的人们，经过不懈努力、艰苦付出的结果，也是京都底层老百姓生活智慧的结晶。如果不是在京都则不可能发掘到。

从平安京1200年的历史中，发现什么、如何发现，怎样从历史和记载中学习，这是每个人的自由。但不同的选择意味着不同的人不同的主体性和生存方式。当然，关于京都文化，存在各种各样的文化论，不仅限于魔鬼都市、妖怪文化。希望大家能够以更加宽容的态度，去接纳各种不同的观点。

中国的都城、日本的都城

——其原型和独立性

町田章

在奈良的20多年间，笔者一直从事平城宫的发掘工作。因为工作原因，对有关于中日关系的问题，皆用心地去学习和研究。在此，希望就唐长安城和日本都城的关系予以探讨。

对于东京和京都城的差异，不知诸位有何看法。京都城街道，像棋盘般整齐排列，称之为"条坊制"。而东京街道却不同，基本上是向着江户方向延伸。在东京，如果按照京都的感觉，判断沿此路走下去一定会到达某地，有时却会走到另一个莫名其妙的地方。欧洲城市的修建，也是采用由市中心向郊外、道路呈放射状延伸的方式。希腊、罗马市中心建有神殿，道路从市中心向周边延伸。日本近世的"城下町"，即武士团、工商业者聚集的地方，基本上也是如此，以城郭为中心，道路向四周呈放射状延伸。

而京都是以方位划分，街道呈四方形。保留至今的道路、街道，其历史最早可追溯至1200年前的平安京。平安京继承了奈良的平城京和藤原京的传统，自7世纪后期，便开始模仿中国，向日本移植中国式都城。这样的差异一直延续至今。笔者认为京都和东京城的差异，也反映出人们思考方式的不同。

中国都城的原型

按方位划分的街道，中国始于何时？中国把天子居住的首都称作都城，其形成的年代是一个关键性的问题。的确，有主流观点认为，早在殷墟时期，就已经出现都城：周围有城墙，国王居住在此。此前的新石器时代末期，中国最古老的王朝——夏朝已经出现了街道。并且，新石器时代末期，尤其在长江流域，出现了像日本古城那样四周围有护城河的巨大居住空间，并设有宫殿和祭坛，近来，此处发现了大量遗址。

对于国家的中心——都城，目前可以明确的是，商朝、西周再往前追溯，大约公元前 2000 年，就已经形成了国家都城。在都城中心，建有祭祀王族祖先的祖庙。此外，还设有祭祀当地神灵、被称作社稷的祭坛。古代就是在这种具有宗教色彩的建筑中决定国家大事，在与神灵对话的过程中确定国家的行动方针。所谓国家，即诞生于这样宗教色彩很浓的地方。将国王的宫殿即神殿建在城中心的思想，西周之后春秋时期也一直延续。因此，都城也许可认为是宗教色彩浓厚的都市。

但是，春秋是以"下克上"的时代，势力大的诸侯不断强化国力，通过军事手段扩张领地。地方诸侯不断强大，周王朝势力在很大程度上被削弱。各诸侯国纷纷争夺霸权，小国被吞并，最后，形成了 7 个大的诸侯国盘踞割据的局面，这就是所谓的战国时代。自西周以来，分封国渐渐统一，此时出现了战国七雄。这些诸侯国，其都城具有非常强的防御性。城郭的一面或两面引进河水，建造人工壕沟以巩固周边防御，内侧四周围起城墙。这样的都城随处可见。

国王所居住的地方，被称为王城或王宫。相当于日本今天的皇宫。由于国王实力不同，国力强弱不一，所以，与神殿相比，国王宫殿渐渐占据更加重要的地位。王宫设置政治、行政官署，其作为处理国家政务场所的职能得到强化。

春秋时代，国王的家臣们，类似于日本的部民制，他们从事着例如青铜器制造、祭祀等各种生产活动。国王通过与世袭司掌政治、军事的贵族协商来研究国策。战国时期,不再受身份地位的限制,凡是技能高超、精通法律、有能力的人,均会受到重用。这些人便形成了后来的官僚阶层。因此,都城的形制与之前也有所不同,生活在那里的人们,思维方式也发生了改变。

总之,这种战国时期的都城与日本的城下町非常相似。由于防卫极为重要,所以,以王宫为中心,王宫与四周城墙之间的这部分空间,令不同职业的人群居住在此,以构成自给自足的生产生活体系。因而,未形成后来那样整齐规划及以特定建筑物为中心的街道。

对于战国时期的都城,各地均进行了大量调查。但是,大多仅停留在对于遗物分布和遗迹结构情况的探测调查上。例如,只明确了王宫、手工业作坊、墓地等都市的大致区划情况。对于王室贵族的宅邸等都城内部的详细情况基本不了解,这是目前的实际情况。虽然如此,但通过调查发现了其共同之处,即四周皆被坚固的城墙和很深的护城河围绕,非常注重其防御性。在实际作战中,如果敌人兵临城下就意味着战败,宣告战争结束。但也有在都城发生战争的情况。

西汉的长安城

关于古代都城在此不再赘述。要分析其与日本都城之间存在怎样的关系,首先,应从西汉的长安城入手(见图2-1)。

提及西汉的长安城,它是在前一个朝代秦始皇所建咸阳城的基础上形成。咸阳区位于现在西安市西。秦始皇在此修建了史无前例的大都市——咸阳城。渭水自西向东流经此处,秦在渭水南北两岸开始修建宏大的都市。自北岸开始,最后建成南岸的阿房宫,大概在阿

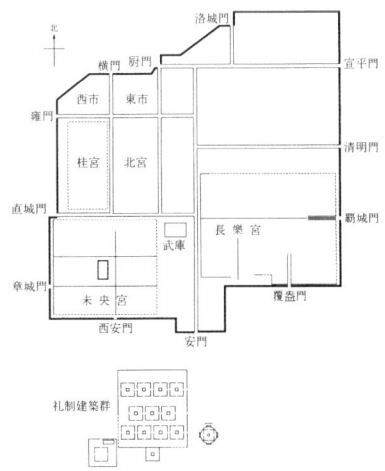

图2-1 西汉长安城(陕西省西安市所在地)

房宫建成之际秦朝灭亡。西汉的长安城，便在继承了秦朝遗产的基础上进一步发展。

首先，初期政府机关设置在长乐宫中，高祖在此处理朝政，诸如颁布政府法律、下令出兵等。据说长乐宫并非汉代新建的宫殿，而是直接使用秦始皇时建的宫殿。

紧接着在长乐宫西侧的大面积用地上修建了未央宫。在未央宫开阔用地上又纵横划分，修建了各种设施。中间长方形方框是中心建筑——未央宫前殿，至今仍保留有壮观的台基。由于未央宫前殿地处正中央位置，所以政治中心也由长乐宫移至未央宫。

其次，诸多宫殿——如北宫、桂宫等也相继建成。但宫殿以及政府机关似乎毫无规则，任意分布。据记载，政府设施建成时，宫殿四周才围筑起了城墙，是根据宫殿布局而建，并非预先有制定好的城市规划，如先修建城墙、准确测量，再划分王室和普通百姓住地。它是一点一点添加修建而成的。

西北方向有西市和东市，是进行各种生产活动的地方。例如，帝王驾崩时修建的坟墓中需放入大量陶俑，烧制泥俑的窑厂遗迹已经被发现。此外，还有烧瓦、用骨头做各种工具的作坊。可以看出这里是许多工匠居住、从事手工业生产的地方。

西北部的城墙呈倾斜状。这是因为有条河（沨水的支流）从南边蜿蜒流经此地。城墙是依河岸而建。

如此，长安城的特色就是先建城，后修城墙。在此补充一点，正如前文所述，与帝王相关的宗教场所被移至郊外，即根据儒家礼制进行一系列祭祀活动的礼制设施被移到了城外南郊。所以，政治和祭祀在完全不同的两个舞台上进行，此乃长安城一个十分重要的特点。

都市周围被城墙封锁起来。由于城门要打开、关闭，住在这里的人们夜间便不能自由进出，而周围则是农村。将包括皇帝在内的众多贵族及工商业者关在城内，限制其活动，这是战国以来建立都城的基本构想，其防御性功能得到进一步加强。

也有观点认为，长安城中长乐宫、未央宫等宫殿以外的地方住着平民百姓，设有各政府机关，甚至商铺，其外围四周还应该有大的街市。就像日本京都，在天皇居住的御所和贵族府邸的外围，居住着与天子和政府相关的人员，其他的平民百姓则住在城墙的外围。当然，特别要在城外的东、西两边建造防御性护城河，一旦发生战争，就可以迅速将此地变为关卡。这样的地方的确存在，但现阶段，对于城外存在大的街市这一情况还未得到证实。

补充一点，都城东侧城墙大约6千米，南侧大约6.2千米，西侧大概是4.5千米。所以，都城并不大，这样一个地方就是西汉的长安城。

长安城的另一个特色是，在城郭的西侧建有上林苑。所谓上林苑，即里面有大规模的池塘和假山，可将其设想为日本的庭院，不过在此还能够进行军事演习。据记载，汉武帝向南方派遣征讨军队时，曾在上林苑的昆明池用船只进行了水战训练。而且，这里集中并放养大量珍稀动物，也兼有动物园的性质。实际上，这里也可用来狩猎。因此，居所和苑池（中国即园林）即自然空间相融合，这一点是构成都城的重要条件。

东汉洛阳城与曹魏邺城

西汉灭亡于王莽时期，其后都城移至洛阳。东汉洛阳城，是光武帝时期新建的都城。洛阳自西周开始一直是周王朝的中心，所以，后世历代中国的中心均置于此。东汉告别了旧的洛阳城，建成了一个全新的城市。这里也有北宫、南宫两个大的宫殿，围绕其四周有市街，其内部道路纵横交错（见图2-2）。

另外，此都城规模也不大，东西宽约2.7千米，南北长约4.2千米。都城内有王宫、政府必要的行政机构、贵族宅邸以及市场等，具备了都市必备的所有条件。

以上，粗略勾画了洛阳城的面貌。关于其内部详细结构，还有些地方不甚明了。由于这个都城在三国时代、西晋直到北魏时期仍在延续使用，各个时代都留下了遗址，所以，对于东汉洛阳城最原始的状况还不十分洛阳城也是把具有宗教性质的场所聚集在城南。有灵台、明堂、辟雍、大学等设施，它们各自形成一个区域，天子在此举行一系列国家仪式。有一条最宽的道路连接城内的南宫和城外各个仪式用地，中间由平城门将两部分隔开。

洛阳城最开始，就有计划地对宫殿及街区进行了布局，比西汉的长安城更加规整。从西汉末到东汉这一时期，儒家学术发展空前繁荣。所以，非常重视自古流传下来的有关于帝王居所的建制，并将其从学术角度体系化。于是，产生了以训诂学为基础的儒家思想及儒家经典为根据，复原王宫建筑和仪式用地及宗教设施的想法。

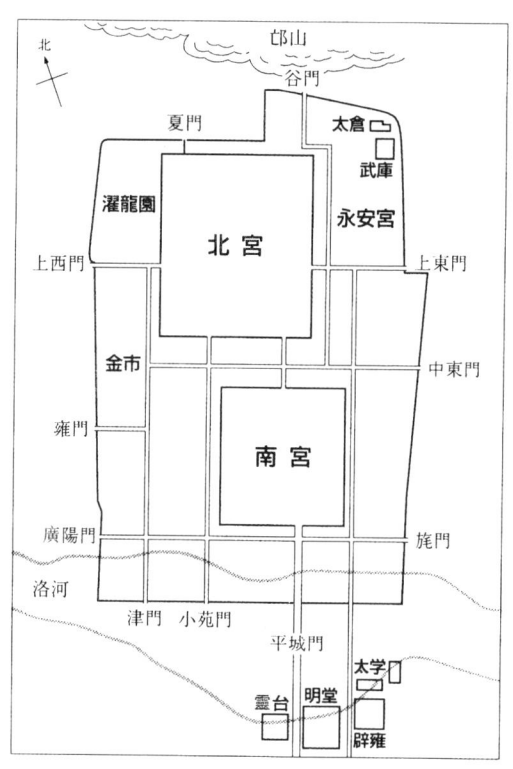

图2-2　东汉洛阳城（河南省洛阳市所在地）

例如，东汉时期编撰出了中国最早的辞典——《说文解字》。同一时期，出现了诸多儒家经典的研究学术著作。此时，全社会受儒家思想影响非常之大。在这种时代背景下修建洛阳城，笔者认为，是根据儒家思想，为修建理想化都城进行了各种积极的尝试。因此，与汉长安城相比较，洛阳城的街道区划比较规整。

同样，有观点认为洛阳城和西汉的长安城一样，城壁外侧周围也有很大的外城，现在遗留下来的城墙是内城。关于这一点，目前仍不十分清楚。

东汉所建的都城，三国时期的魏国（曹操时代）以及西晋时期仍在沿用。

对街区进行更全面规划的当属曹操所建的曹魏邺城。在河南省与河北省的交界处有一个工业城市安阳，此地因殷墟遗迹而闻名，其北18公里处河北省临漳县就是邺城遗址。现在的城市中央有漳河流经，由于河水泛滥，曹操所建的都城被埋于地下两米到三米处。经分布调查与探测调查，在详细文献史料的基础上对其进行了复原（如图2-3所示）。

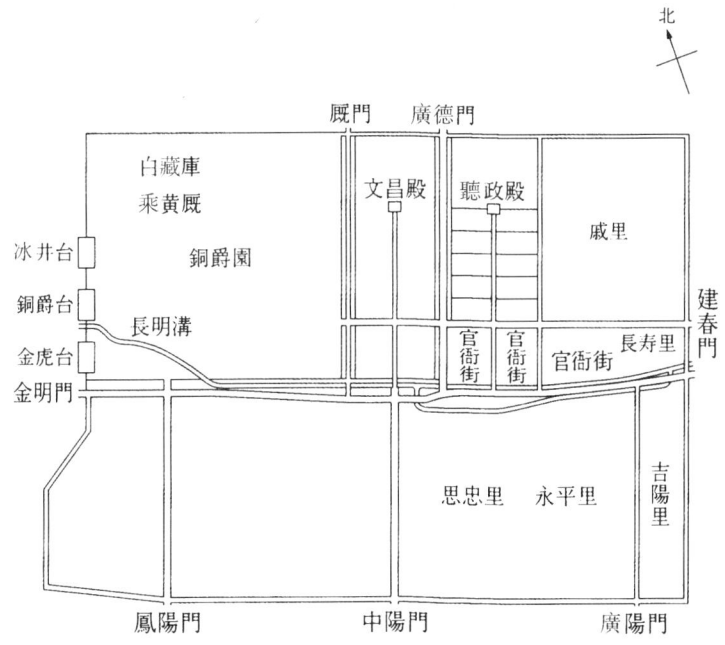

图2-3 曹魏邺城（河北省临漳县所在地）

城内大体分为南北两侧。南侧为普通住宅区。北侧区域是魏王的生活空间，设有各式各样主持仪式的场所。中央的文昌殿是国王即位以及接待外国使节的中心宫殿，相当于后来的太极殿，是举行国家仪式的地方。此宫殿和邺城正门中阳门在一条轴线上。与之相对的听政殿，则是国王起居、处理各种政务的地方，相当于日本的内宫。其南侧是官衙街，设有各官厅衙门。另外，戚里、长寿里是住宅区，集中了皇族以及有权势贵族的房屋住宅。位于文昌殿西侧的铜爵园，与长安城上林苑一样，是园林，据记载，此处有非常豪华的建筑物。此都城将苑池与街道合为一体，经规划建成。

邺城的一大特色就是，官署与天子的住所完全分开。

北魏洛阳城与邺城的南城、北城

其次，是关于北魏洛阳城。东汉灭亡后，魏军攻入洛阳城。但沿用了东汉时代的宫殿区划，未对宫殿布局进行大的改动。北魏洛阳城，基本是在东汉所建洛阳城的基础上，经修整后继续沿用。北魏并非汉族政权，是北方骑马游牧民族鲜卑族的一支——拓跋族建立的国家。最初，在山西省大同市修建了都城——平城。由于此城靠北部，其对于中国的中心部情况不甚了解，故迁都至位于中心部的洛阳。

北魏是游牧民族政权，对于使用汉字、穿汉服等一系列中国的政治文化制度并不熟知。但随着国家的日渐强大，官僚中吸纳了许多汉族人，也吸收了包括汉族的服装、语言等在内的整个生活方式。所以，与一直居住在中国中心部的汉人相比，其汉文化的素养、教养更加纯正。据记载，洛阳的都城制也是参照古籍，对相关知识重新研究的基础上建成的。

北魏洛阳城的宫城位于城郭的中央偏北。从宫城正门一直延伸向南的道路是主道，这条道叫铜驼街，街道两旁设有各官衙。关于此都城，《洛阳伽蓝记》中有十分详细的记载，据此可了解都城的大致结构。通过勘探调查可明确其主要道路，官衙集中在宫城前部，形成此都城的特点。周边是一般住宅和市场（见图 2-4）。

中国的都城、日本的都城

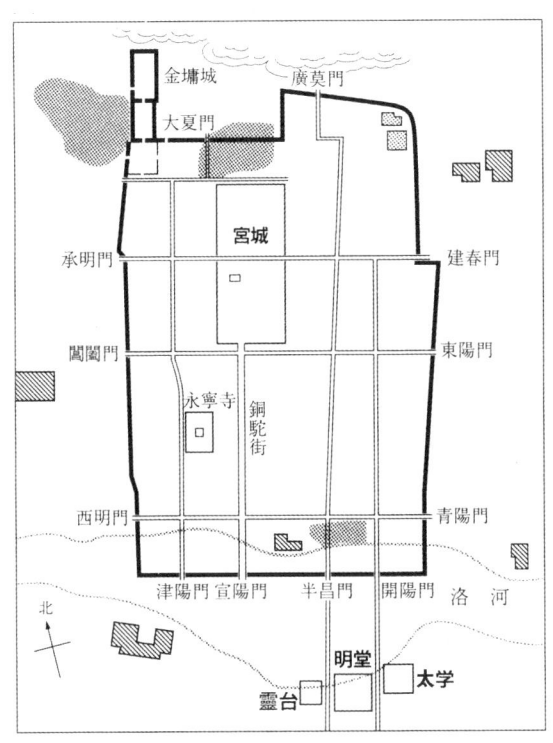

图 2-4 北魏洛阳城（河南省洛阳市所在地）

北魏洛阳城的另一个特征是，佛教寺院建在都城内。佛教在东汉时期已经传入中国西部。洛阳的白马寺非常有名，但将佛教寺院积极引入城市景观，还是始于北魏时期。北魏因龙门石窟而闻名。所以，洛阳城内建有非常多的寺院。其中最大的寺院是位于城内铜驼街西侧的永宁寺。北魏的寺院，以供奉释迦牟尼舍利的佛塔为中心，其周围建有附属建筑。永宁寺是一个规模很大的寺院，佛塔共9层，塔高90丈或40丈。公元534年，遭遇火灾，佛塔历时3个月未燃尽。据记载，此城内建了许多寺院，均没有永宁寺规模大。关于永宁寺，前些年对佛塔进行了发掘调查。1994年，为明确其周边遗址结构进行了调查。

如上所述，北魏洛阳城在东汉洛阳城的城区范围内，建造其独特的宫城、官衙街、寺院、贵族宅邸等。在内城（东汉洛阳城）外侧设外城，外侧修壕沟，明显加强了防御。据《洛阳伽蓝记》记载，以300里为单位的里坊约有320个。城南因为洪灾遭到破坏，所以，具体情况不明。外城的一侧以300里为单位对方形街区进行划分，共有320个里坊。据探测调查和部分发掘，确定了外城（北、东、西）的范围，以及由城内向东西延伸的道路（见图2-5）。并记录了以这条道路为中心形成的民宅和寺院都市景观的详细情况。

对于内城外侧如何布设320个坊，一直都有许多学者试图进行复原。实际了解遗址结构之后，才发现建城时并非准确按照300里来划分，而是按照不同地方的地形划分的，每一个坊大小有出入。不像之后的朝代，有准确的坊数。综上所述，一个城市明确由内城及其外围的外郭城构成，是始于北魏洛阳城。

北魏属于南北朝时代的北朝（中国北方五个朝代的总称），而南朝的都城，就是现在的南京建康城，历代王朝一直沿用。关于南朝，笔者不甚了解，所以，在此省略不谈。

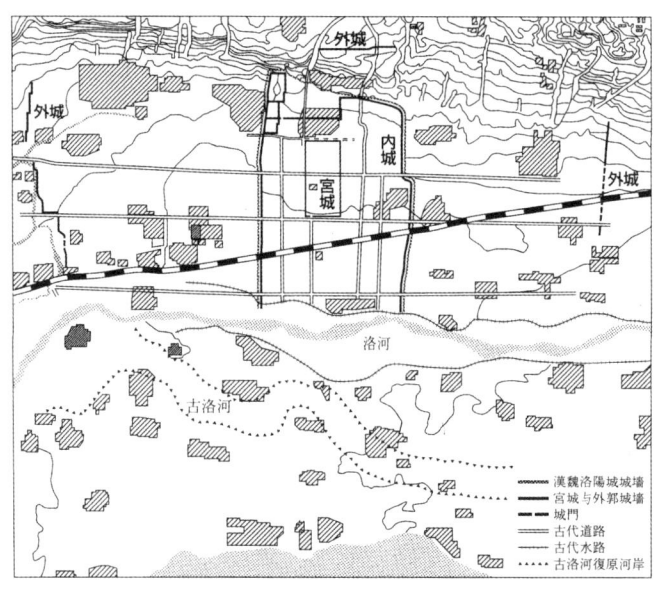

图2-5 北魏洛阳城的内城与外城

北魏灭亡之后，东魏、北齐、北周时期，确切讲应该是在东魏孝静帝在位的公元535年，在对曹魏邺城（北城）部分沿用的同时，于其南面修建了新的南城（见图2-6）。对于南城，除了发掘出朱明门之外，仍停留在勘探调查结构阶段。

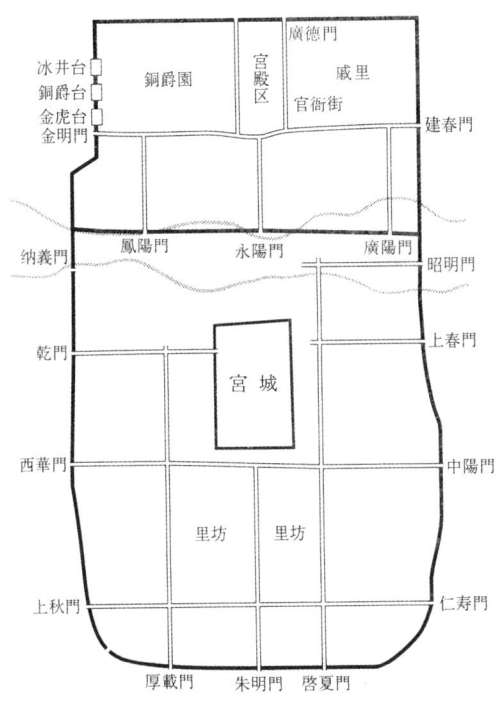

图2-6　邺南城（河南省安阳市所在地）

此城也是以宫城为中心，四周有很长的城墙环围。据勘探调查，已了解到其内部是以道路将区域隔成棋盘状结构，人们生活在其中。也许，还可设想在宫城的周围布设有官衙。值得注意的是，以宫城和中心街道为轴线、左右对称的街区划分，在北朝时期已经形成。

南城规模也不大，大概是东西约3千米，南北约3.1千米。邺城是一个划时代的都城。其街道整齐如棋盘，并开始具备了都市的各项职能。南城正门朱明门经发掘之后，了解了此城门的原貌，城门上建有阙楼，建筑宏伟壮观。而且，还了解了发生在这个都城中的真实历史事件。这里曾发生过战争,惨败,最后,士兵把穿在身上的铠甲脱下扔进了壕沟。

此城郭的另一个特征,是把城墙的拐角修建成圆形。可能是因为考虑到实际战争时,圆形比方形更为有利。前文所讲到的春秋战国时期,城墙角也是圆形。但此后基本都是方形,只有这个时期出现了圆形城墙角。

下文将论述隋唐长安城和洛阳城。这是根据上文所论及的都城,特别是北魏洛阳城之后基于都市基本构想所修建的都城。

隋唐长安城与洛阳城

隋唐时期的长安城是一个东西约10千米、南北约7千米的巨大长方形都城。此都城并非建于唐朝,而是继承了隋文帝公元582年所建的大兴城。虽然隋朝统一了中国,但很快便灭亡,其所有遗产全部被唐王朝继承,与秦始皇遭遇了同样的命运。秦始皇也是在短期内统一国家,但很快便灭亡,被接下来的西汉王朝继承遗产。此长安城,在隋炀帝南下扬州游玩期间,被唐高祖攻入,未动一兵一卒、一刀一枪,都城便被占领。长安城基本为隋代所建。

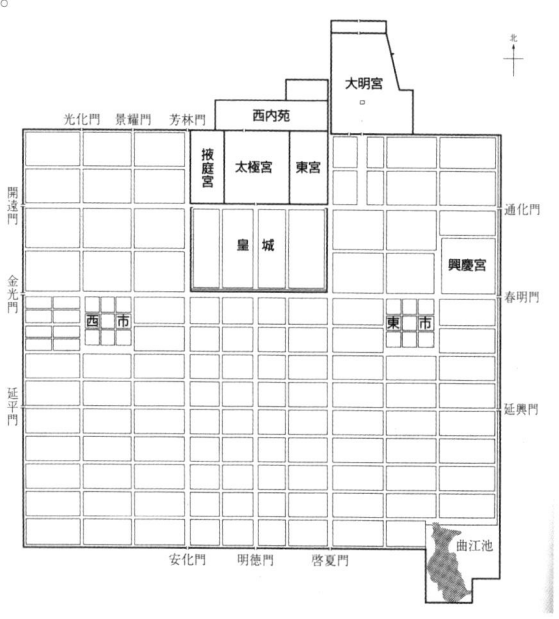

图2-7 隋唐长安城(陕西省西安市所在地)

长安城经规划，设计街区划分。据说共有 108 个里坊（见图 2-7）。朱雀大街位于都城的中轴线上，将外城大体分为东西两侧。都城中心的东西向道路，通向丝绸之路。皇城和东、西两市，都面向此大街。从西侧城门金光门，传入来自西方丝绸之路的文化；从东侧春明门输入来自中国南方和东方的物资。

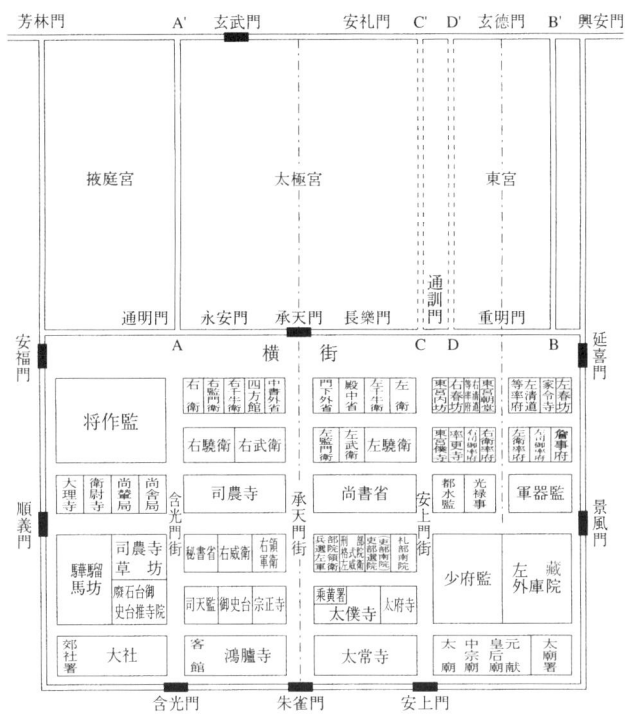

图 2-8　隋唐长安城的宫城与皇城

都城的中枢部，也就是政府官衙集中的皇城。宫城则由天子居住的太极宫、皇太子居住的东宫、嫔妃们居住的掖庭宫等组成。王室和政府中枢部机关按照不同的组织、职能划分（见图 2-8）。现在西安市中心部，就沿用了皇城和宫城区域，保存至今的城墙是明清时代所建。近年，在对城墙进行维修时，发现下面保留有隋唐时期的城墙，并发现了皇城门。都城的外城建有许多佛教寺院，同时，也建有许多道教的宫观——道观。虽然是祭祀老子，但必须也像佛教寺院一样建有伽蓝，所以，道教宫观在各地兴建了起来。在某个天子在位时期，还出现过把道教作为国教而排斥佛教的情况。作为外来宗教的佛教与本土宗教道教，争相修建宏大的宗教设施，从而构成这个都城重要的景观。

唐长安城，还有一点非常重要。即把举行国家仪式的中心部——太极宫，移至东北城外，建造了大明宫（见图2-9）。隋朝以及唐初的国家政事均在太极宫中进行。公元662年，由于唐高宗认为太极宫处于湿地，对健康不利，欲将宫殿移至地势较高处，所以建了大明宫。目前，大明宫遗址保存完好，正殿含元殿遗址也完整地保留了下来。其外围还有几处宏大的建筑遗址，其中几处建筑，随着不断发掘和调查，会逐渐为世人所了解。

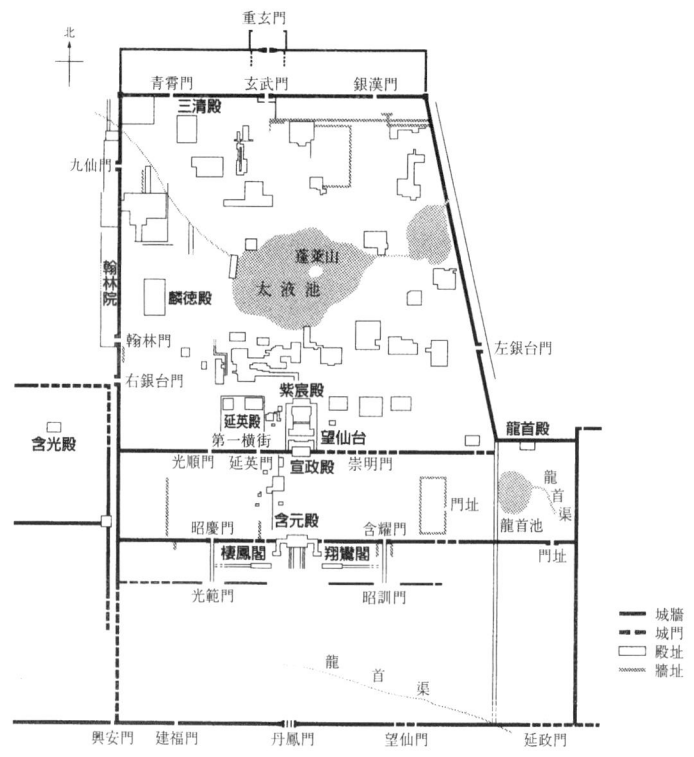

图2-9 唐长安大明宫

与长安城同时期,在洛阳也建了都城(见图2-10)。其建于隋朝,称作新都,是辅助中心都城长安城的一个陪都。唐初,由于认为国家不能同时存在两个都城,所以,有意将洛阳城废弃。洛阳地处华北中心,可调配南北物资,通过隋朝开凿的大运河,能很方便地供给从华南运输来的丰富物资。而长安城所在的关中地区(今陕西省),粮食生产效率低下,如果发生饥荒,食物匮乏,天子、贵族、官僚等便会一起移居洛阳。他们是因为食物短缺,为了解决吃饭问题而迁至洛阳。考虑到洛阳在经济方面的优势,公元630年再次开始修建洛阳城。所以,虽然基本沿用了隋朝的都城规划,但在名称上仍为唐朝新建的洛阳城。洛阳城基本采用与长安城同样的设计思路,将宫城和皇城作为都城中心。由于地形关系,把宫城和皇城建于西北角,外城向东、南方向扩展。

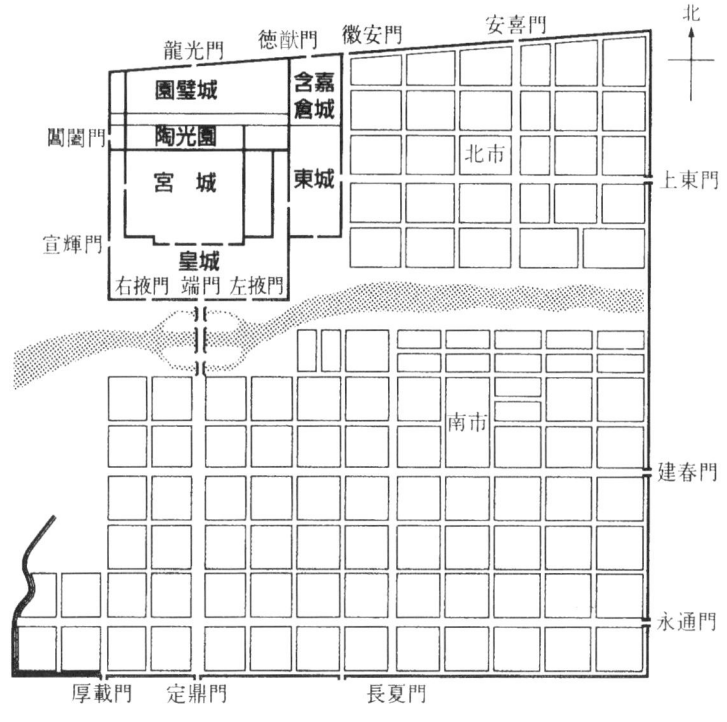

图2-10 唐洛阳城(河南省洛阳市所在地)

唐洛阳城与现在洛阳市的市街完全重合，对于中心部很多地方还不了解。最近，加快了对洛阳城的重新开发，通过工程开发的事先调查，城内的真实面貌也逐渐清晰。例如，白居易故居遗址、宫中的庭院遗址等渐渐被发现。曾发掘了位于外城中心正北方向的含嘉仓城，其位置在现在洛阳市火车站内，是一个仓库群，用于储存从全国各地征集来的粮食（粟类）。当时其地下挖掘了巨大的洞穴，用于储藏粮食。

以上，简述了中国都城的发展历程。并分析了代表中世中国的唐代长安城形成的过程。西汉长安城并非一直保持原貌，之后各朝代对其不断进行改造，并同时适应不同朝代的都市风貌，经过不断探索，最终才建成隋唐长安城。尤其在都市建设中，明确区分内城和外城，将都城设计为方形，确定中心轴，采用左右对称、规整的区域划分等都城建制，中国古代北方的胡人王朝对此功不可没。这是因为他们较之汉族王朝更加推崇具有儒家氛围的都市。

藤原京、平城京、平安京

下面，将视角转向日本的都城。

按时代先后顺序依次介绍如下3个都城，即藤原京、平城京、平安京。

日本最早有计划性地进行建城，始于大阪难波宫。它被称为前期难波宫，大阪城位于其北端，城中心设在从南延伸至此的上町台地。近年，朱雀门的发现引起了人们的关注。据记载，难波京周围建有罗城。尽管很多学者尝试着对城区进行复原，但根据实际调查仍未发现街区区划。

滋贺县大津市建有大津京，天智天皇曾以此为都。对于大津京的调查，近几年取得了一些进展。宫城的中心部逐渐清晰，但对于宫城四周的一般街市情况还不了解。

从这个意义上来讲，对京域结构了解较为详细的就是藤原京。关于藤原京，岸先生进行了非常详尽的研究，复原了条坊平面图（见图2-11）。他认为藤原京南北向划分为一至十二条街区，以朱雀门为中心，东西两侧各设4个坊，区域划分呈棋盘状，靠北的中心部建有藤原宫城。

中国的都城、日本的都城

随着之后发掘调查的深入,的确能够确定岸先生所讲的条坊。但同时也了解到,其向四周延伸的范围更广。也就是说,大家怀疑是否存在一个规模与之后平城京相当、更为宏大的藤原京。其范围从现在的橿原神宫,延伸至樱井市附近。以道路划分区域,其两侧发现有排水设施。区域内有些地方发现有人居住的建筑遗迹。所以,真正的藤原京,应比岸先生所认为的都城规模更为宏大。这一观点已为大家所普遍接受。

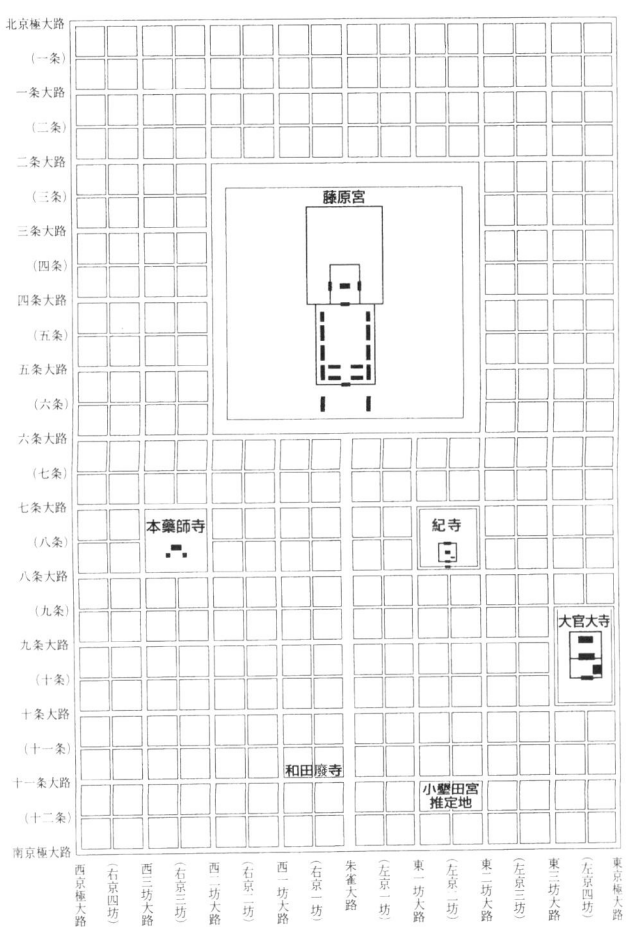

图 2-11 藤原京复原图(岸俊雄说)条坊示意图

但是，对于如何复原藤原京这一问题，方案众多，角度各不相同。在此仅选其中一例：缩南侧，扩东西两侧，如复原图 2 - 12 所示，就是众多复原方案中的一个。总之，从前一直认为藤原京与平城京，是由规模较小的藤原京迁至宏大的平城京。但值得注意的是，7 世纪时的藤原京，已经奠定了平城京的原型。

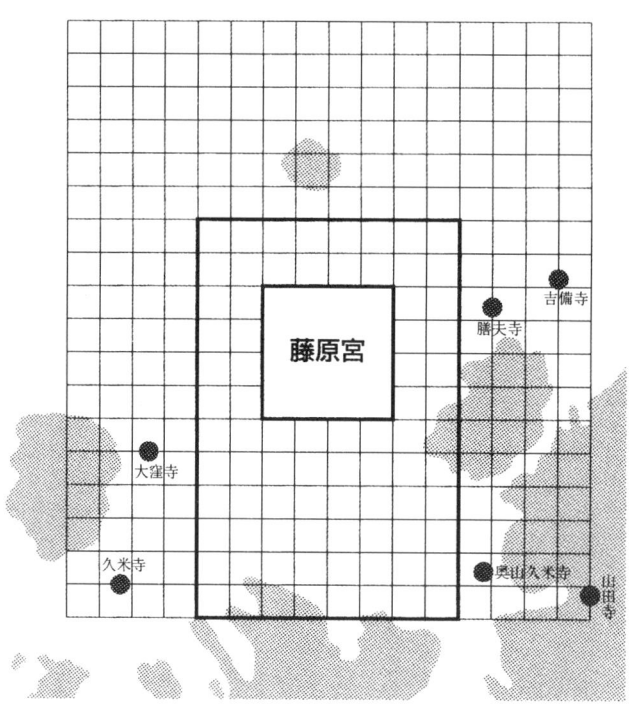

图 2 - 12　大藤原京复原方案之一

现在，藤原京的宫内、京内，各处都在进行挖掘，虽然还不够深入。据发现，此都城建有宏大的条坊，但居住的人却很少。这是根据条坊内建筑物稀少进行推测的结论。甚至有些条坊内几乎没有建筑物，使人质疑是否曾有人居住过。为什么会如此？因为，藤原京就在飞鸟的北侧，当时有实力的贵族及皇族生活在藤原宫周边，自飞鸟时代他们就拥有那一带的土地宅邸。人们不是从京内的宅邸上朝，而是从自己家就可以去藤原宫上朝。同样，下级官员、居民也是如此。所以,即使修建了藤原京,应居住在京内的人却很难定居于此。

也有人认为向平城京的迁都,割断了贵族、官员与自己所在土地之间的联系,以推行都市型的官僚制。因为贵族、官员必须在早晨4点左右(公鸡打鸣时)进城,所以,就不可能再从远方的飞鸟步行到平城京上朝。贵族、皇族、一般平民,从此不得不在此生活。这样,促使了他们把生活的据点转移到平城京。飞鸟时代他们是以自己的领地以及领地内私宅的农村式生活为基础,可以根据需要前往政府机关。到了平城京阶段,尤其是贵族成员,开始快速步入了都市生活。他们把所在地和领地内生产的农作物以及衣服,定期运送到平城京的宅邸。这样,以一些不在本地居住的地主为主的消费群体聚集到了都城。所以,在农村很难看到的都市型人群自然增加,与之相适应的必要设施也逐步兴建起来。

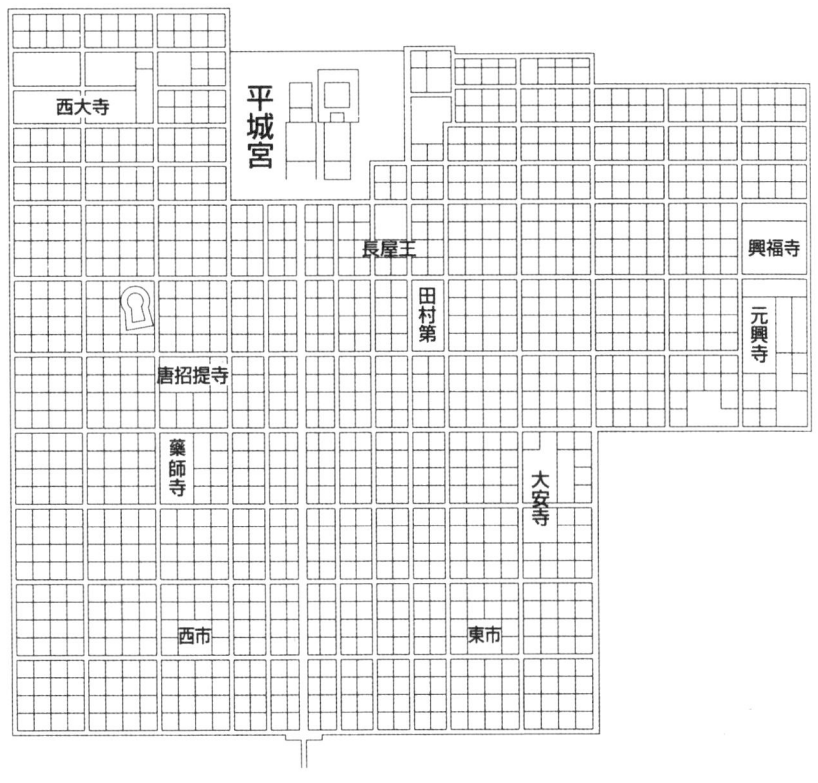

图 2-13 平城京条坊复原图

藤原京条坊内设有大安寺、纪寺、本药师寺等寺院。平城京也建了许多寺院。从藤原京迁来的大安寺、药师寺位于左京和右京。从飞鸟迁来的元兴寺在东侧的外京，把当时最有权势的藤原氏的宗庙兴福寺设在外京的外侧。不仅有这些大型寺院，京内各处也设有许多小型寺庙，这使得平城京的佛教色彩更加浓厚（见图2-13）。

对于平城京的调查有较大进展，不只是寺院，条坊内的宅邸及住宅情况也慢慢明晰。

平城宫位于奈良盆地的最北端。站在平城宫，前面是广阔的平原，左右和后方被群山环抱，像屏风一般，是奈良盆地最佳观赏处。据奈良时代的文献记载，天皇称赞此都是根据风水思想修建的宏伟都城。即此都选址非常理想，选了块风水宝地。

794年，桓武天皇迁都的平安京，是比原平城京规模更大的宏伟都城。平城京依地形把兴福寺建在了东山山脚，所以，条坊向东延伸，建成了不规范的外京。而平安京，最初采用的便是长方形左右对称的条坊区域划分。以朱雀、二条大路为中心街，朱雀大道尽头设平安宫，如图2-14所示。

此都城的特色，是规定国营寺院仅设东、西两寺。平城京的寺院布局完全未经规划；而平安京，在都城正门罗成门两侧，对称设东、西两寺。这两座寺院是为了镇守平安京而设置的。另外，平城京的街区名称都是几条几坊，例如五条一坊此类命名；而平安京模仿中国长安城，选择各种美妙词语来为街区命名，换成了诸如桃花坊、开建坊等名称。平安京四周所开的城门名称也同样为大唐风格。当然，这仅为名称一例，从平城京向平安京过渡期间，更加彻底地吸收了中国的制度。平安京之后，迁都也仅限于迁往神户的福原京，直到明治维新都没再迁都。总而言之，平安京是最后一个模仿中国规划建的都城，之后日本列岛内没再出现过。

从难波京、藤原京到平安京的日本都城，到底模仿了中国哪个阶段的都城？围绕这一问题，展开了诸多研究。方格地域划分、左右对称的都市建设手法，笔者并不认为是日本人的独创，但同样也不认为是完全照搬中国的制度。总之，7世纪后半期出现的中国式都城，其起源究竟何在，成为了一个悬而未决的问题。

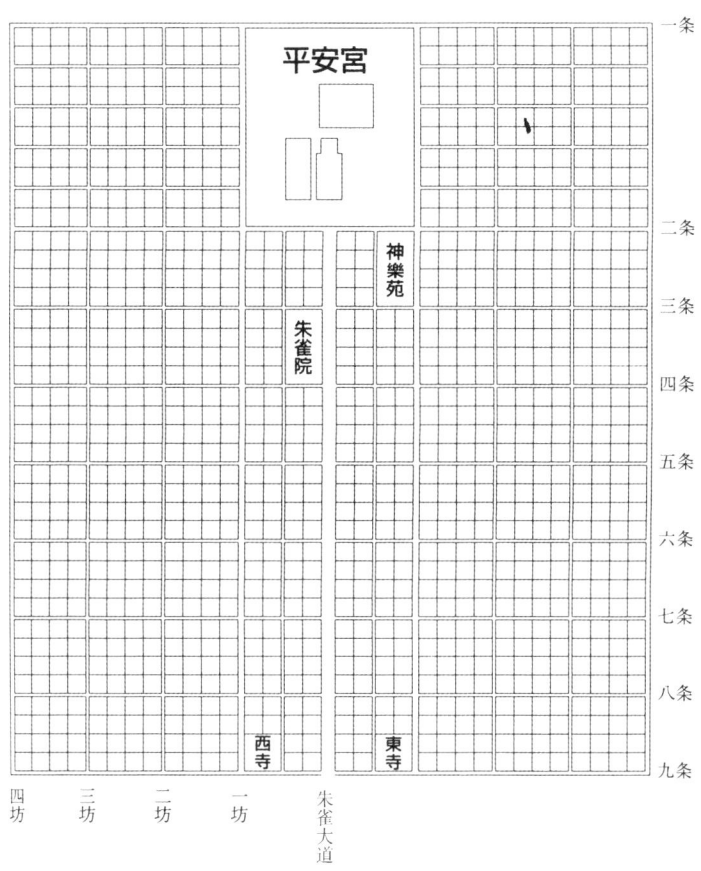

图2-14 平安京条坊复原图

与朝鲜半岛的关系

韩国的庆州市是新罗的都城所在地。新罗国指三国时期的新罗，从四五世纪至935年。都城的中心位于盆地中央——月城。月城南依兄山江，是由一个孤立丘陵构成的山城式都城，在新罗统一之前就已经存在。以月城为中心分布有宫殿、寺院等。以此推测，街市区有可能位于月城的北侧。有人设想此区域与长安城相似，呈方格区域划分，并进行复原。那样的话，包括五六世纪王陵在内的古坟区域就均不被条坊道路切断，即现在古坟公园一带。从这一点可以判断，新罗从三国新罗到统一的新罗这一国家扩张阶段，未修建新的都城。虽然，也有像雁鸭池一样局部借鉴中国形制的宫殿，但整个都城并未改建成中国模式。或许是根据需要，都城在不断增建、改建过程中逐渐扩大。

同日本一样，全面引进中国制度建立都城的还有渤海国。渤海国由位于中国东北地区（辽宁、吉林）的高句丽后代所建立。渤海国在高句丽灭亡不久后便开始复兴，都城形制完全照搬8世纪的中国。在中国西部的新疆维吾尔族自治区有一个著名的高昌故城，它是麴氏高昌国（498—640）的都城。此都城的中央宫城称为"可汗之宫"，其外有内城和外城。关于内部情况，目前仍有诸多不明之处，但其内城呈长方形，由此判断其曾为中国式都城的可能性很大。

渤海国和日本的都城，均完整地吸收了中国都城的形制，而其他国家却未发现明显有模仿中国都城的痕迹。先前的研究者们讲到日本都城，认为其原型便是隋唐的长安城、洛阳城。但是，岸先生等人却认为，长安城的条坊区划呈长方形，而日本的条坊区划呈正方形，所以，日本参照的都城应比长安城更古老。而且，藤原宫宫城位于条坊的中心偏北，并未与北端相连。这也是岸先生得此结论的理由之一。

于是，学者们开始研究是否存在比长安城更早的都城原型，提出日本是否参考了诸如北魏洛阳城、北朝邺城的南城等比隋唐时期更早的都城形式。

在争论的过程中，中方调查有了进展。迄今不甚明了的都城结构，例如，邺城的南城平面图在近三四年渐渐明晰，如图2-6所示。另外，关于北魏洛阳城，很长一段时期内并不知其是否有外城，而现在可以部分肯定。随着中国方面调查情况逐步明朗，可确定日本都城并不一定与北魏洛阳城、东魏邺城的南城等特定都城存在密切关系。但目前问题是很难找到日本都城的原型。

笔者认为无须去寻根溯源。因为，当时的日本的都城建设技术水平已经十分先进。例如,据记载6世纪末在建造飞鸟寺时,日本并不具备大陆式建筑技术基础。于是,日本便从百济将佛像建造师、木工、泥瓦匠、瓦工等所有技术人才引进日本。而且,7世纪百济灭亡,许多流亡者也将精湛的技术传播到日本。所以,7世纪建起了大量大型寺院。

一般认为,也许有许多高句丽人移居日本,这样,大陆先进的技术才被大量引入、吸收。所以,从7世纪末左右开始,到了与中国直接进行交流的遣唐使时期,即使不派工匠,只派建筑师、思想家等文化人士前往中国,便可将用文字记载或图绘的中国技术资料带回日本。日本的工匠或技术人员便根据这些材料建造大唐式文物。当然,也是以从百济移居过来的技术团体为基础。

因此,也许应该有书籍记载关于中国都城的面貌。建筑师可以通过阅读理解中国制度,从而构想日本式理想都城、天皇的宫殿。所以,要在中国寻找平城京或平安京的原始模本,笔者认为并不存在。

将中国、朝鲜的都城与日本的相比较时,其中一个不同点在于,藤原京、平城京、平安京的外侧没有城墙围绕。甚至有人认为日本的都城并不能称之为城。笔者认为也许不应拘泥于是否有城墙。也就是说,城即是街。现代汉语的"城市",意思就是"都市"。如此看来,日本古代的都城明确属于都城的范畴,没有必要固执地坚持是否有城墙。

虽然没有城墙,但都城的防御功能似乎考虑得很充分。平安京四周环山,南边有河流和沼泽阻挡。平城京位于盆地的北边,封锁了通往难波、山背的出口,只要卡住此咽喉位置便可防御,所以并非完全缺乏防御性。

日本都城的独特结构

最后一点,中国和日本都城既有相同之处,亦有区别。试比较一下构成日本宫城中心的大极殿、皇宫等宫城中枢部的建筑分布。图2-15所显示的,左侧为旧城,右侧为新城平面分布图。

笔者认为,从《日本书纪》中可追溯到的最古老的都城,是飞鸟时期所建造的小垦田宫。这是岸先生经思考所作的分布图。南边即宫门,入口处为广场，东西两侧有相对应的建筑，这就是之后被称为朝堂的建筑。最里面北侧有一个巨大的门，其后有一座大殿。这就是推古天皇时期小垦田宫的结构。

进而，增加朝堂的数量，建成12—14个对称的建筑，这个以朝堂院形式建成的宫殿便是前期难波宫。朝堂院里边的皇宫前殿相当于之后的大极殿，其中有天皇日常居住的皇宫。此皇宫周围因大阪城护城河遭到破坏，对其详细情况并不十分清楚，但从前期难波宫看到的皇宫、大极殿、朝堂院，以及与作为宫城正门的朱雀门分布在同一条直线上来看，此布局形式构成了日本都城的特色。

观察隋唐长安城的大明宫可了解到，中国的朝堂乃是去往含元殿待命的设施。含元殿相当于日本大极殿，其前方两侧细长的建筑物便是朝堂（参照图2-9）。这不仅限于隋唐时期，各个朝代皆如此。所以，中国的朝堂并不像日本左右两边并列建有许多建筑，而是左右对称各建一座建筑。所以，虽同为朝堂，但性质却不相同。

岸先生认为，小垦田宫式的厅堂（朝堂）是处理朝政之地，经不断调整便形成了十二或十四朝堂，如图2-15左所示。就像平安京中的八省院一样，重要的政府机关都集中在朝堂院。有观点认为此为日本所独创，但笔者认为，隋唐长安城其中枢部分设有皇城和宫城，传到日本却将皇城改成了朝堂院。这并非是在调整政府机关数量过程中，不断增加朝堂院建筑，而是基于模仿长安城皇城，将官衙街集中到大极殿前面这样的构思。

难波宫在外国使节前来拜访时起到玄关的作用。所以，这里也是彰显国威的重要场所。正因为如此，在建城考虑布局时，根据大极殿前面的政府机关数量，整齐地排列14栋建筑，并考虑到可在建筑围绕的中庭举行各种仪式，如图2-15中所示。前期在建难波宫时，飞鸟正在建飞鸟净御原宫。飞鸟的上层建筑遗址与天武天皇的净御原宫相吻合，这大体已成定论。如图2-15右所示。

中国的都城、日本的都城

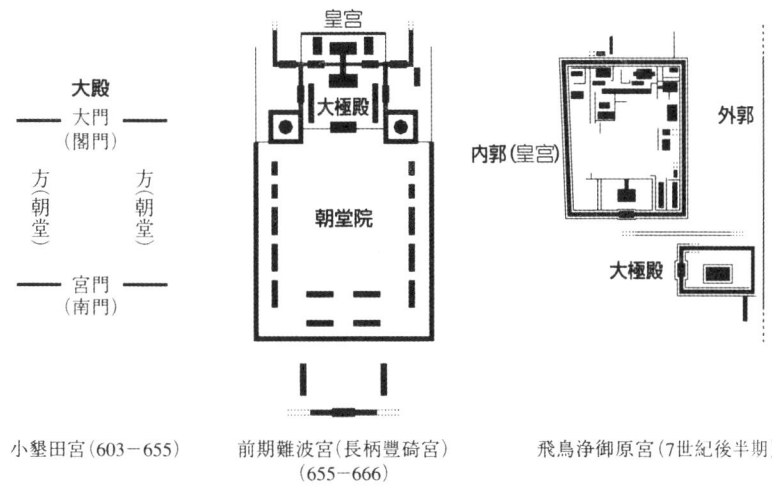

图 2-15 大极殿、朝堂院的变迁（1）

难波宫朝堂院在发挥其功效时，净御原宫还没有朝堂院。天武朝时期，位于宫城南部的大极殿就相当于太极殿，推测内城有可能就是皇宫。由于当时的高级官员有100多人，即使在大极殿举行朝拜仪式，也会在这么大范围的空间被湮没。前期难波宫确保了朝堂院有足够宽阔的空间，但若其中仅有高级官员，会显得很空旷，人数远远不足。也许在迎接外国使节或举行国家仪式时，必须让各种人员到中庭，以显示气氛热闹非凡。若以当时官员的数量来看，根本无须如此大的空间。

藤原宫的大极殿、朝堂院仿照了难波宫的宫殿布局，并进一步增强了其庄严性，如图2-16左所示。即扩大占地面积，增大建筑物规模。修建朱雀门、朝集堂、朝堂院、大极殿时，采用唐朝式样的石柱、瓦葺、回廊环绕四周。朝堂数量固定为12个，并一直沿袭至平安宫。

平城宫的中心部被划分为平城宫Ⅰ和平城宫Ⅱ。请注意奈良时代前半期的宫殿结构，大极殿与皇宫呈东西平行分布，如图2-16右所示。皇宫南侧连接着相当于藤原宫大极殿和朝堂院的宫殿。只是，所有建筑比藤原宫在规模上小一圈，均为掘立柱、柏树皮屋顶的和式建筑。而大极殿则是有奠基石、屋顶盖瓦的唐风建筑，前面有一个宽阔的广场，东西排列着建

· 55 ·

筑风格迥异的宫殿区划。对于这一点，鄙研究所进行了长期研究，并且，研究所以外也有学者提出许多不同观点。最近，根据粗略的分析，认为皇宫前面的宫殿，是专供天皇举行各种仪式的场所，而非包括天皇在内的文武百官处理朝政的政府机关。位于朱雀门延长线上的大极殿、朝堂院，则是举行国家仪式及从唐朝学习引进的新仪式之地。例如：天皇即位，接见外国使节，诸侯从天皇处接受一年十二个月的朔政，即告朔之礼。将大极殿建于高台之上，前面为宽阔的广场，这是模仿了长安大明宫含元殿的建筑手法。

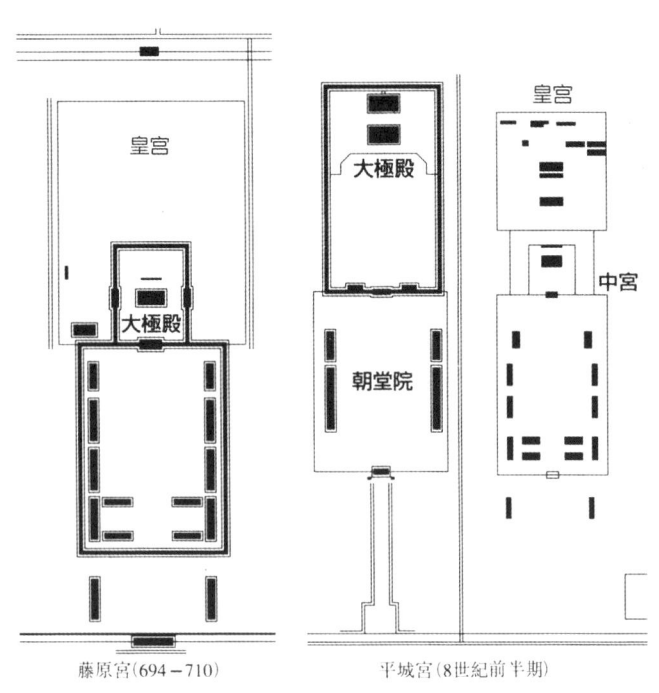

图 2-16　大极殿、朝堂院的变迁（2）

另有观点一语道出其中玄妙，认为当时藤原氏势力十分强大，这样的建筑式样是为了削弱天皇的权力。还有观点认为，是为了限制天皇权力，进一步强化官僚体系，增强以藤原氏为中心的贵族发言权，将天皇私人行为与国家行为严格区分开来。

奈良时代后期的宫殿布局中，将奈良时代前期大极殿所在地称为西宫，主要用于宴会。此建筑群为和式建筑，孝谦天皇、弓削道镜等曾居于此。而原来皇宫前的大唐式建筑大极殿、朝堂院，建成了与藤原京同样的式样。如图 2-17 左所示。另外，需要强调一点，西宫的中心建筑高大雄伟，这亦是模仿大明宫麟德殿的建筑布局。

奈良时代后半期的平城宫，将主要作为天皇居住空间的皇宫，与大臣举行宴会的大厅在空间上划分为两部分，前者为中宫，后者为西宫。平安宫也继承了这一点，将大极殿、朝堂院置于宫城的中轴线上，西侧布设丰乐院，如图 2-17 右所示。北侧皇宫独立分布。平安宫到了后期，大极殿、朝堂院几乎形同虚设，所有朝政均在皇宫处理。也许，从奈良时代后半期就开始出现这一趋势，但将皇宫从大极殿中完全分离、大面积围起来，则是平安宫的特点。这样，使皇宫独立、规模扩大，是桓武天皇的个人主张，也许他希望在新都建立以天皇为中心的政权。

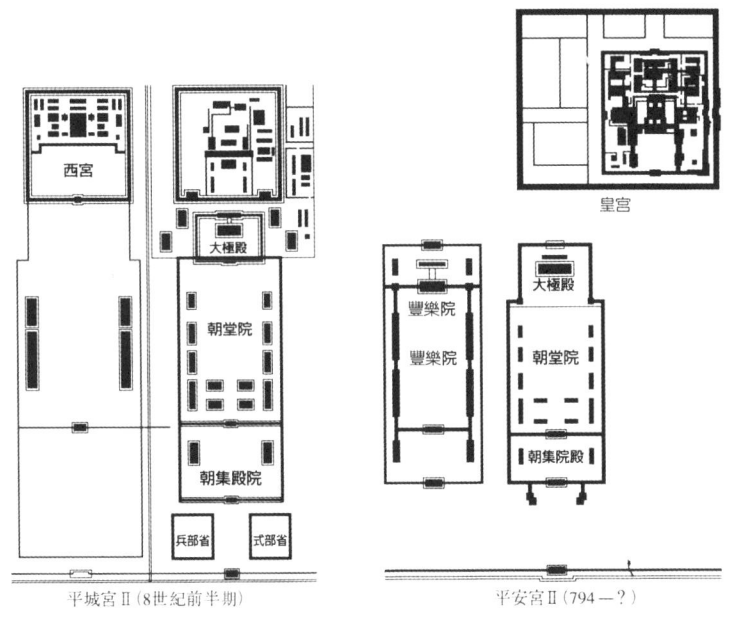

图 2-17 大极殿、朝堂院的变迁（3）

权力与宗教之都
——宫殿、寺院、苑囿

田中淡

本文主要就笔者所学专业——中国古代建筑和庭园及两者之间的关系予以探讨,可理解为是对以唐代都城长安为中心的建筑所进行的研究。

对于标题使用"苑囿"这个不太常用的词,笔者一直在思考是否恰当。所谓"苑囿",是指附属于宫城皇帝直接管辖的庭园,规模相当之大;或者指远离都城的离宫,通常附属于个人私宅,区别于一般意义上日本庭园的概念。在此借用"苑囿"一词,姑且请理解为庭园。

对于唐代的建筑风格、特色,可从几个方面论述。在此,参照插图进行说明。

仿隋大兴城建造的唐长安城

唐长安城之前,隋文帝建国之初沿用其前身北周长安城,也是自汉以来汉代长安城的遗产。但当时的长安城,宫殿、官厅、民宅等区域划分杂乱,生活环境极为恶劣,据文献记载,此地区饮用水含碱量大,连饮用水供给都有困难。由于上述种种原因,便计划择地新修大兴城。于开皇二年(582)开始修建。

唐长安城基本沿用了隋大兴城旧址。整体平面、区域结构、宫殿、市场、寺院等，基本沿袭了其前身隋大兴城。

此城正如本书前文中唐长安城图所示，呈正方形，北部正中区域是宫城。隋文帝修建大兴城之际，采用了设计师宇文恺（当时的工部尚书）的设计方案，这在中国都市建造史上开创了平面设计的先河。关于为什么采用此设计方案，有多种说法。例如，受邺城的影响，或是因为宇文恺出生在北方，或反映了当时的习俗，等等。总之，这样的平面设计成为了一种基本形制。继西京长安之后，隋修建了东都洛阳，修建时也基本援用了此平面设计，唐朝时一直将其作为东京使用。

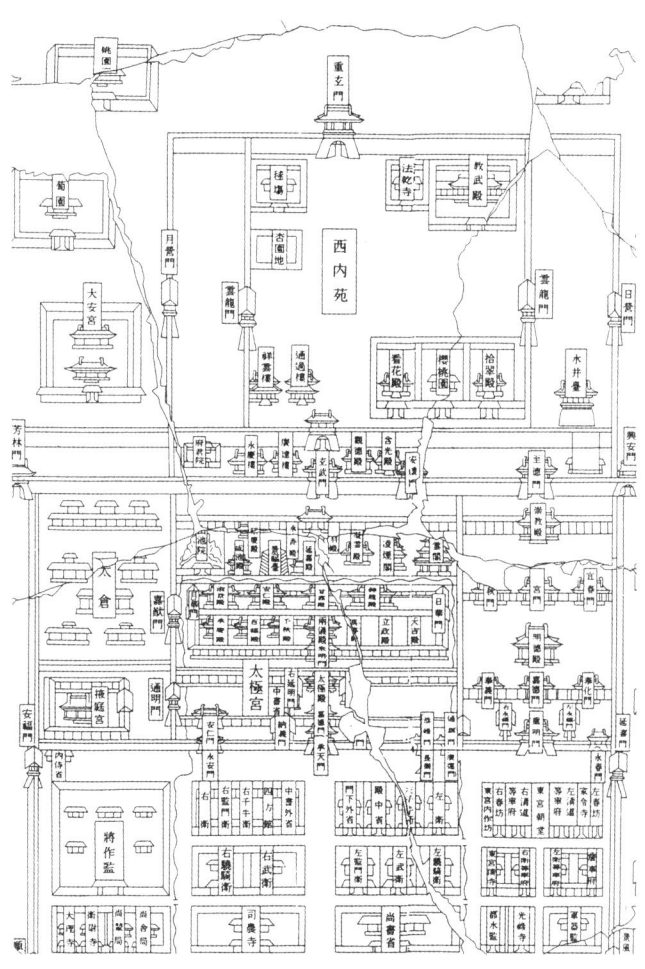

图 3-1 吕大防长安图碑（局部）

关于这一点，本书中井上满郎先生、町田章先生的文中可能均有较为详尽的论述，在此不再赘述。总之，长安城对于日本的藤原京、平城京、平安京产生了巨大影响，但是其源头均为隋大兴城。这在中国城市规划历史中属于为数不多的特例。

在此略去有关都市的情况。唐长安城共有三大宫城，其中，北侧中央的宫城为太极宫。正方形城墙部分沿用了隋大兴城城墙。唐高祖最初建都时，沿用隋大兴宫的宫城及皇城区域，将其作为宫城。武德元年（618），唐高祖正式把大兴宫改名为太极宫。

初唐的长安宫城区域，在相当长时期内沿用了隋代的宫城形制。这时的宫城，主要由用于处理朝政的正殿——太极宫，太子居住的东宫，以及皇后、嫔妃、宫女居住的掖庭宫这三部分构成。整体规模为南北长2.8千米，东西长1.4千米。

宋代有一个名为"吕大防长安图碑"的石碑，如图3-1所示。图碑并未完整保存下来，此图为根据残留部分所绘。太极殿相当于正殿，其后（北方）是两仪殿为中心的内朝区域。太极殿为中心的区域是"中朝"，后方则是"内朝"。两仪殿以及大门的名称均进行了更改，例如，两仪殿就是由原隋的中华殿更名而来。所以，初唐时期长安的宫殿，基本直接沿用隋朝的平面结构或建筑名称。

前文提到，唐朝的长安，有三大宫城。上文对最初的太极宫进行了说明。其后修建的还有在东北向凸出的大明宫以及兴庆宫。这三个内宫在唐不同时期不断进行增建、修复、迁移等。而且，这三个宫殿在之后进行了划分。根据三者间的位置关系，太极宫位于西、大明宫位于东、兴庆宫位于南，因此，分别命名为西内、东内、南内。有时将三者合称为"三内"或"三大内"。

大明宫的作用与结构

到唐高宗时期，龙朔二年（662），因最初沿用的隋宫城——太极宫区域，从整体上看，位于地势非常低的湿洼地带，环境恶劣，当时城墙只延伸至太极宫北侧，因上述不利因素，高宗便决定重新在城外修建一座凸出去的新城——大明宫。贞观八年（634）修建之初名为永安宫，但未完成，直至龙朔二年（662）才竣工①。其间曾一度更名为蓬莱宫，后改名为大明宫。大明宫整体规模为东西长1.65千米、南北长2.2千米，非常开阔。

这将在后文中进一步论述，目前含元殿、麟德殿等主要遗迹已对外开放。特别是麟德殿，正在对其遗迹进行整修。如果来此附近，一定会明显感觉，此处比南侧原都城地势高，此宫修建在高台之上。实际上，站在麟德殿的遗迹之上，可以一览南边都城之全貌。于是，选择了这块地势较高、干燥的理想区域，重新修建了一座新宫殿。

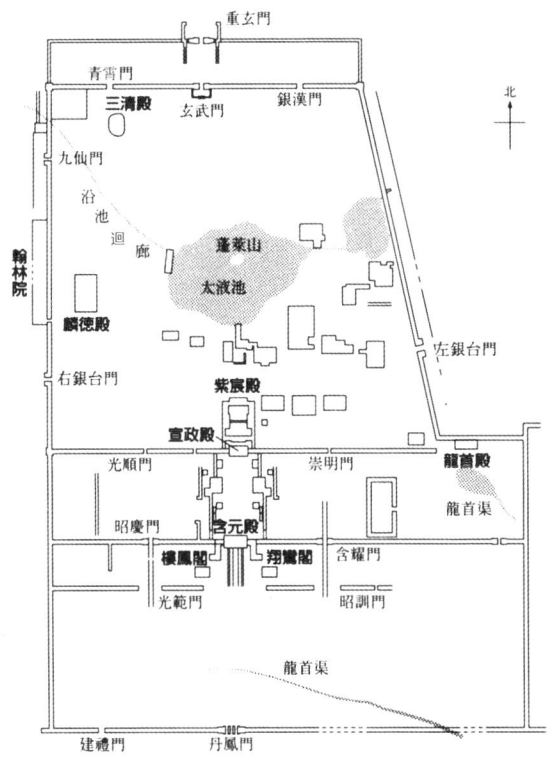

图3-2 大明宫布局图

---

① 译者注：最初决定修建大明宫的人是唐太宗李世民，作为父亲李渊避暑行宫而建，初名"永安宫"。尚未建成，李渊就去世了，于是停建。高宗再次修建的大明宫就是在永安宫基础上建成的。

大明宫中心，自南向北依次排列着含元殿、宣政殿、紫宸殿、麟德殿等建筑。如图3-2所示。首先，中心轴线上有相当于正殿的含元殿，以及宣政殿、紫宸殿这些主要建筑。含元殿是处理朝政的正殿，相当于太极宫的太极殿。就像现存的北京紫禁城中中轴线上的太和殿。其后侧修建了"苑囿"，园中有"太液池"。太液池西侧建有一个巨形建筑——麟德殿，是接待外国宾客，举行各种宴会、仪式之地。从这里可眺望太液池，当时一般宫殿原则上皆应坐北朝南，而此建筑物则采用南北为轴、坐西向东的布局。

含元殿、宣政殿、紫宸殿分别举行不同重要程度的仪式，含元殿在其中尤为特殊。自古重要建筑都会在门两侧修建延伸出去、左右对称、称之为门阙的门楼，在春秋战国时代已有此建筑法。如图所示，含元殿左右的两座阁楼如同双阙，其前方有甬道自上而下，宛如龙尾下垂，谓之"龙尾道"。这一造型表明，它是大明宫第一正殿，如带双阙的大门一样，与宣政殿、紫宸殿在同一中轴线上。

图3-3　大明宫含元殿复原图（《大唐长安展图录》CG静止图像）

图3-3是电脑合成的复原图。长长延伸的龙尾道，其左右两翼建有阁楼，正如字面意思所述，为模仿古代门阙结构所建成。含元殿、宣政殿、紫宸殿、麟德殿四殿中，目前正在对含元殿和麟德殿进行考古调查，所以，对其平面规模、建筑形式有一定程度了解。但是，其他建筑物，有的仅判断出其大致位置，有的只能对其进行推测。除大明宫之外，实际还遗留有其他建筑，亦可作为参考资料。

在此根据调查发掘及留存的实证进行分析，含元殿建于将宫城中心从太极宫迁至大明宫的龙朔二年，整体造型呈"凹"字形。"凹"字形状是从皇帝的角度看到的形状。从来访者角度看，必须完全反过来。东西翔鸾阁和栖凤阁左右对峙，整体建在约76米×42米的台基上。只是，从日本式感觉看，此结构似台基上再叠加台基，底下的台基很高，呈现出双层台基。因为有个小台，所以可以在上面再加一层。依据古代的名称，上层的台基称作陛，下层的台基称作阶。因此，含元殿完全是按照春秋战国时期已有的建筑形式所建。这些台基统一又建在墩台上。日本原本无此类建筑，无法将其准确翻译为日语。建在城墙上相当于台基的高耸建筑称作墩台，含元殿所有建筑均建在高大的墩台之上。

最上层建筑的主体是殿。主殿面阔十一间，进深四间。所谓十一间和四间，并不表示其大小为每间六尺，而是通过计算柱子之间的间隔所得数字。并且，主殿周围有日语中所谓裳阶，即汉语的"副阶"环绕。其规模庞大，面阔67米，进深29米。屋顶大概——使用"大概"这个词并非不严谨，根据唐代的规定，宫殿主体须为四面坡屋顶，而这里的确看到屋顶呈此形状。其周围有裙状的副阶环绕，四周地面向外延伸，并且围有刻有图案的汉白玉栏杆。其前面的御道，是皇帝乘銮舆上殿的专用通道，大约70米长。虽进行了发掘调查，但实际御道的中间有条大沟，是蒋介石时期挖建战壕形成的沟，因完全遭到破坏，真实情况无从知晓。但是，之后据文献推测，也根据部分残存建筑推定，可能是一条全长约为70米，坡度约为25度的斜坡。平地与斜坡部分7次交替，结构非常精妙。

以上是含元殿的建筑情况。

图 3-4 大明宫麟德殿复原图(《大唐长安展图录》CG 静止图像)

含元殿北侧的宣政殿和紫宸殿破坏情况严重,仅大致了解台基的规模,宣政殿约为 70 米 ×40 米,紫宸殿约为南北 50 米。其余情况,例如建筑的结构、高度等还不清楚。

另一个清楚测出遗迹的是麟德殿,如图 3-4 所示。它东临太液池,如果断定它朝向东,也许不准确。总之,整体是一个南北向长的复合建筑。其台基平面呈长方形,南北长 130 米、东西宽 77 米。台基为上下两层重台。另外,与含元殿一样装饰有汉白玉栏杆。其东西有阁、亭延伸,是由东西结邻楼、郁仪楼两亭,以及作为主宴会场的景云阁所构成的上下立体式结构。如图 3-5、3-6 所示。

一层整体进深十六间,规模巨大。麟德殿即在一层。麟德殿为整体总称,这里是举行仪式时首先进入的地方。因为是两层建筑,如图 3-6 所示,一层相当于通道的穿堂,先从此处进来,小憩之后,从两侧楼梯登上景云阁,可在此眺望远景。这里经发掘调查已发现楼梯遗迹,由此可判断此建筑确为上述结构。

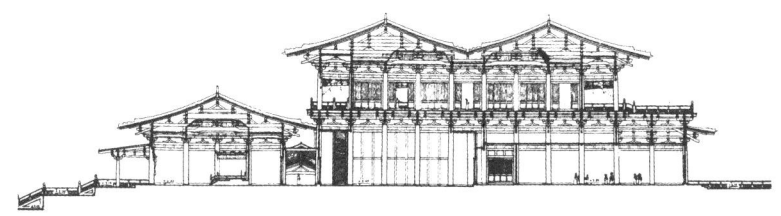

图3-5　大明宫麟德殿复原纵断面图（杨鸿勋《建筑考古学论文集》）

图3-6　大明宫麟德殿复原图

(《大唐长安展图录》CG静止图像)

此遗迹在发掘调查之后，堆起了大约50厘米的堆土保护层。经发掘调查，发现了在考古学上所称的"遗迹横断面"。为使此遗迹免遭破坏，加高了50厘米。此外，确定了原柱子所在位置。由于也发掘出部分柱础石，因此在原柱子所在位置复原柱础石，以便了解柱子的确切位置。现在这里作为遗址公园对外开放。

其次，讲到含元殿，包含前文所述整体呈"凹"字形的台基和龙尾道在内的宏伟结构，及其栏杆、砖雕等如今已荡然无存，只剩下残土。整体的建筑情况不甚明晰，残留的仅为大致形状。与麟德殿一样，这均包括在由日本政府通过基金援助将其复原为历史公园的计划之中，此项目即将启动。

关于大明宫，从考古学和文献史料上证明的，主要是以上两个建筑。

以上是有关于大明宫的一些情况。关于大明宫，除此之外还有北侧宫门重玄门。此宫门经考古发现，其复原图已发表。在此仅研究宫殿，恕略去宫门部分。

最后，是唐玄宗时期所建第三大宫殿——兴庆宫。它与东城墙邻接，原建于兴庆坊一官邸处。关于这一点，已发掘调查出一些数据。勤政务本楼、翰林院、沉香亭、花萼相辉楼，这些楼阁不仅有文献记载，而且有些已被发掘。关于这一方面且不做细究。

关于"大唐长安展"上放映的电脑绘图，并非我本人所画，我仅提供了一点建议而已。其中例如前面的麟德殿，如图3－4所示，是根据底层部分勘测成果复原而成的。各部分细节，包括要将龙尾道、台阶之上的含元殿正面图像化，不仅需要考虑色彩，甚至连尺寸等因素在复原时也不得不考虑进去。但因为初唐时期没有任何木制结构建筑原型被保留下来，这着实使人感觉很棘手。其次，是含元殿的剖面图，如图3－7所示。图右侧为龙尾道，以龙尾道为基台，在纵轴方向上做了切面。此图当然包含了一定成分的想象，如何来推断式样要素是个问题。

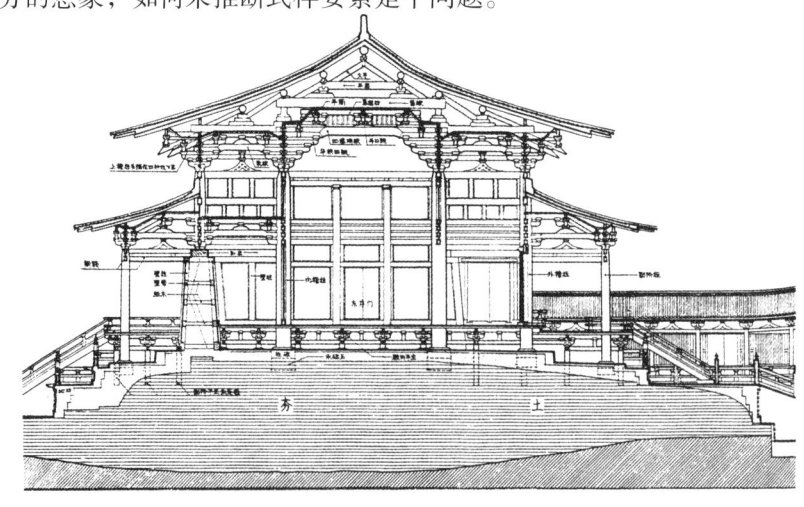

图3－7　大明宫含元殿复原断面图

（傅熹年《文物》1973年第7期）

壁画描绘的唐代木质结构建筑

实际上,中国所保留下来的古代木结构建筑十分有限。位于山西省五台山的南禅寺大殿,规模很小,是中国现存最古老的木结构建筑,为公元782年所建,远远晚于日本法隆寺的修建年代。虽然非常小,但保留下来的也仅此而已。要说起其他稍有规模的建筑,要数同在五台山的佛光寺大殿,可算作第三古老的木结构建筑,为公元857年所建,如图3-8所示。前宽有七间,和唐招提寺金堂的形状十分相似,但佛光寺大殿所建年代要晚得多。要推断唐代初期或者盛唐时期的建筑样式,仅靠这点史料远远不够。那么,在此情况下需要参考哪些史料,在此仅提供一些实例。

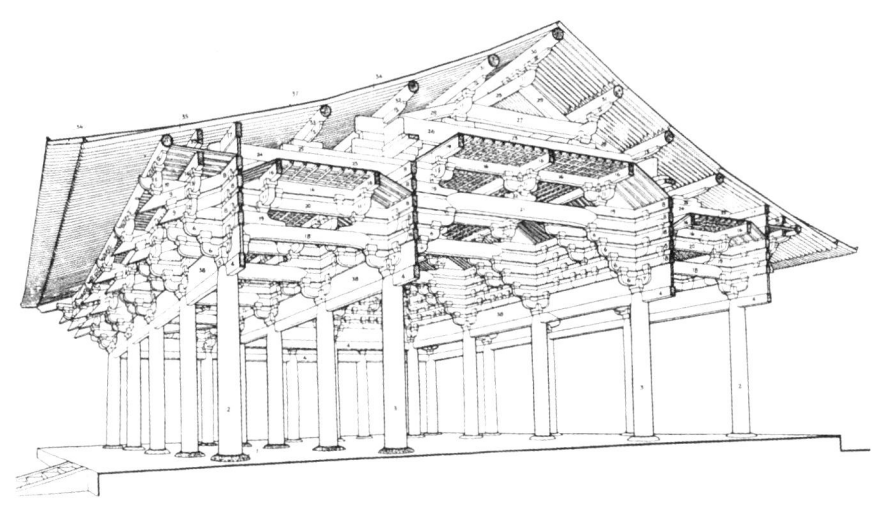

图3-8 佛光寺大殿(《中国古代建筑史》)

图3-9是著名的长安大慈恩寺、大雁塔入口处石头上的线雕拓本绘图。目前已知描绘唐代初期建筑的图中,此图最为详细。其中斗拱、屋檐,以及其他部件都画得非常写实,显然是使用尺子所绘。考虑到是与大慈恩寺、大雁塔同期的绘画,最迟也应该是公元740年左右的。

图3-9 大慈恩寺大雁塔门楣石佛殿图
(《建筑设计参考图集4·斗拱》)

以上述建筑作为一定标准,按照这个标准便可推断当时木质结构建筑的构件、结构或者设计具有怎样的特色。例如,同为斗拱,在日本称作"蠹股",是梁上的部件材料,不同时代风格各异。于是,决定参考上述要素进行某种程度的复原。

但是,仅此一例也无法进行复原。中华人民共和国成立后,经过发掘调查,发现了以西安地区为主的乾陵陪葬墓等为代表的30多座墓中的彩色壁画。在本次展览会上,展示了章怀太子李贤墓原尺寸复原图。由于展示的关系,无法复原坡面,不过,还是能够让人们了解到壁画大概的构图,以及四周墙壁上所绘建筑的柱和梁均为红色。

例如,图3-10,即懿德太子李重润的墓室纵向截面图。虽为线绘,但柱子、斗拱部分实际上均采用朱色,可认为与所展示的李贤墓完全一样。从其他的绘画史料和实例来看,"人"字形斗拱的结构与法隆寺等相比虽有相同之处,但下沿部分更为宽阔,好像从上部向下压的形状,形成了此时期的共同特色。从这一点可看出,包括大雁塔在内,唐代初期就已出现此类设计倾向。还有,漏白之处呈长方形结构,基本可在所有建筑上发现这一共同点。也许实际在建筑上，就是采用这样的涂色法来区分红白色的。

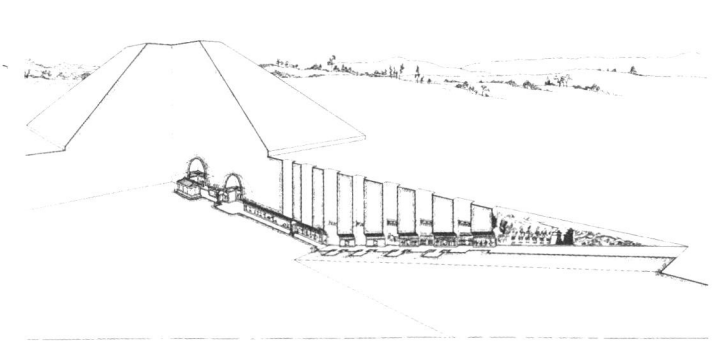

图 3-10　懿德太子李重润墓断面图透视图（《唐李重润墓壁画》）

电脑绘画影像上，有李贤墓透视画，如图 3-11 所示。唐代墓的结构基本相同。墓室、甬道以及前方延伸至墓室的斜坡，懿德太子李重润墓与章怀太子墓完全一致。斜坡两侧墙壁上绘有武器等内容的壁画。经过一系列壁画，在入口左右相连处，懿德太子墓此处绘有左右对称的门楼——阙，如图 3-12 所示。但李贤墓稍有不同，壁画是在墓道的两侧。

图 3-11　章怀太子李贤墓断面透视图（《大唐长安展图录》CG 静止图像）

· 69 ·

图 3-12 懿德太子李重润墓壁画阙楼图

(《文物》1973 年第 7 期)

  这是西侧墙壁上的门。三折线突出，表示是一种高级别形式。这里所画的就是这种形式的阙。所谓阙，即前文提及的在高墩台上所修的建筑。下面部分在中国通常使用砖修砌，其上建木质楼阁。另一侧对面墙壁上，虽然遗迹遭损坏，但同样逼真地描绘了三级门楼的形式。实际上，墓中并未建阙，墓道两壁、入口两侧采用壁画使人感觉如建有阙楼一般，这是唐代墓的一大特征。与大雁塔一样，各部分细微之处，如双重栓——固定柱子的器件、"人"字形器件、拱等均勾勒精巧。由于壁画斑驳脱落，照片看不清楚，因此展示的是绘画图。通常会采用此形式具体展示，通过此方式，在一定程度上能够了解门、窗、家用器具等的结构。例如，伸出檐廊的建筑形式，事实上后来传到了日本，并在楼阁建筑中运用。因绘画中对其具体结构画得十分详细，所以，用来进行参考。

  图 3-13 是李寿墓的壁画，在与唐代有非常相似结构的壁画墓中，此为最古老的一例，它是公元 630 年初唐的壁画。此图为描绘图。下侧半圆形线，画的是门的入口、门洞，门上所建门楼表示正门。此立柱式楼阁，从其他绘画数据来看，与日本平等院凤凰堂结构相同的建筑在唐代也有，

说明这种式样的建筑在当时非常流行。虽说是在唐代，准确地讲应该是北魏到隋唐，例如陈时的宫殿等亦采用此类形式。因此，唐代壁画墓的特点就是写实。

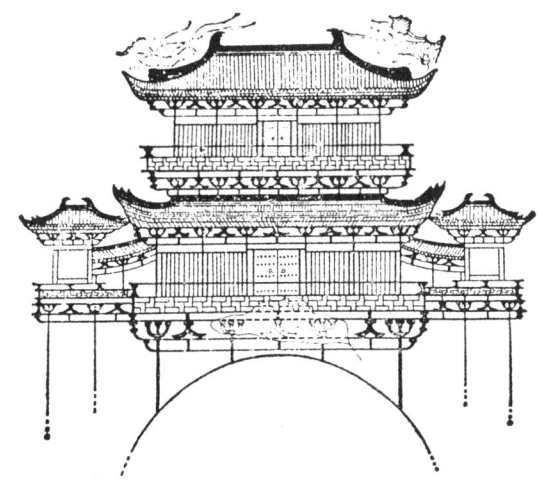

图3-13　李寿墓壁画门楼图（《文物》1974年第9期）

图3-14是永泰公主墓壁画，墓为公元701年所建，是向日本介绍的壁画墓中最早的一个。"文化大革命"时期，日本发现高松冢古坟时，两壁画上的宫女非常相似，在当时成为一个热议的话题。壁画、墓顶中所画建筑也相同。楼阁绘画中，详细地画有与法隆寺金堂完全相同的"卍"字符。线的颜色不同，虽不是黑白两色，但都相互区分。在连接永泰公主墓室间的通道上有拱状的天顶，使用红、绿、白等不同颜色，粗的部分用红色，在画日本宫殿和寝殿等格天井时也同样使用这些颜色。

韦洞墓建于公元708年，大雁塔大约建于公元704年，基本属于同一时期。韦洞墓中画门楼的壁画，由于原画已经斑驳脱落，所以，展出的是经修改之后的绘图。

前文所举实例中讲到的高栏、斗拱，以及"人"字形斗拱、结构窗、双层屋檐等建造手法，集中体现了这个时期的建筑特征。唐代初期建筑实例在1949年后才集中被发现，在此之前，例如二战前学术界能够看到的画像史料仅有大雁塔而已。与那时相比，现在数据资料数量急剧增加，在某种程度上可以具体推测唐代初期建筑的设计要素。

图3-14　永泰公主墓壁画（《文物》1964年第1期）

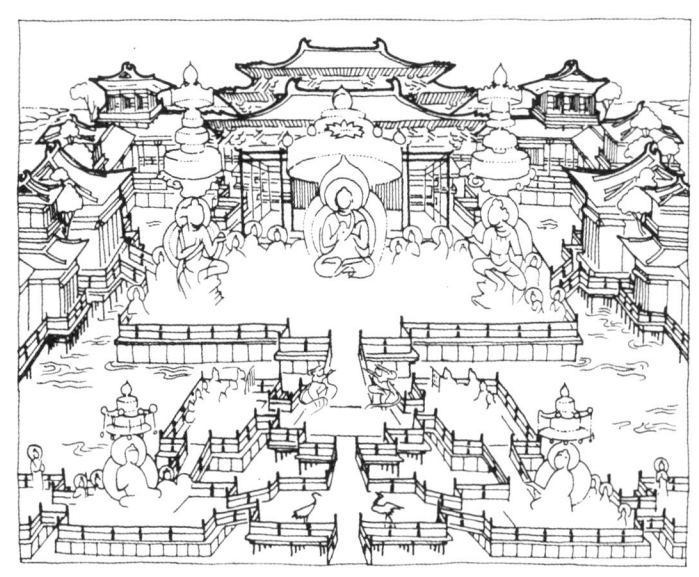

图3-15　敦煌莫高窟172窟壁画（萧默《敦煌建筑研究》）

下面，如果另外再举一个不同类型的例子，可举非常有名的敦煌石窟的壁画。第 148 石窟、构成曼陀罗原型的第 172 石窟，其中的西方净土变——盛唐时期常被用作壁画素材，如图 3－15 所示。中央因为要画佛像，所以略去了建筑，本来此处应为建筑。周围用伽蓝的形式表现建筑，有很多建筑物群。

图 3－16 是盛唐时期敦煌第 172 窟中西方净土变绘图细部。原壁画是彩色的，使用翠绿、钴蓝以及微妙的茶色等颜色所绘，此图是一幅白描图。例如，在梁上斜插角材，这与开始看到的五台山佛光寺形式相同，年代晚于唐代初期。不仅是绘画，建筑在一定程度上也可以说明这一点。根据这些细部的比较，可以推测其各自不同的年代。

例如，在对大雁塔的线刻图和懿德太子墓壁画做具体的一些

图 3－16　敦煌莫高窟 172 窟壁画细部
（萧默《敦煌建筑研究》）

细部比较时，尝试对比一下唐招提寺的金堂，就会了解细部在某个时期，例如唐初、盛唐以及晚唐，很明显发生了变化。因此，本次 CG（电脑绘图）是在参考了唐代初期主要是大雁塔和懿德太子墓等线刻画以及许多壁画中的建筑物之后绘制而成。

大雁塔（大慈恩寺）与小雁塔（荐福寺）

接下来将目光从宫殿转向寺院。

唐长安无疑建造了很多著名的佛教寺院，因年代不同，略有差异。据记载，长安城内有 80 个到 100 个佛教寺院。例如，根据韦述所著《两京新记》记载，天宝年间（公元 8 世纪中）就有 91 个。

在长安城平面图中统计一下佛教寺院的数量,就能发现隋代建的寺院占了大半。一部分隋代寺院在唐代却不再是寺院,变成了宅邸或者遭废弃,情况林林总总,各不相同。但多数佛寺仍伫立于城内,于是,长安城就成了一个佛塔、佛殿林立的城市。例如,长安城图中,就有与本文内容相关的西明寺,以及荐福寺(小雁塔)、大慈恩寺、青龙寺等。

唐长安城最具代表性的寺院就是大慈恩寺,其位于晋昌坊内,是玄奘翻译佛教经典的译场。到后世仅将大雁塔塔身部分划进寺院区域内,现在基本上也仅剩下塔了。如图3-17所示,它是唐代著名的佛塔。

此建筑是永徽三年(652)所建。现存为从长安元年(701)到四年(704)期间重建,也有学者认为是长安四年重建。按照中国佛塔形式分类,它与日本的五重塔、三重塔一样,各层塔互相重叠,称之为楼阁式塔。与此相对的是塔檐紧密相连的密檐式塔。此外,还有一些其他形式的塔,但主要的佛塔形式,仅从塔的外观看,有以上两类。

日本的塔,基本模仿楼阁式塔建造。这种佛塔形式最初由百济传入日本,修建了飞鸟寺,之后由中国直接传入。总之,日本楼阁式佛塔数量众多,所以,对于类型上的差异没有太多认识。到了后世,多武峰谈山神社的十三重塔,系模仿密檐式佛塔建造,属特殊案例。这正是用日本式木质结构模仿建造的密檐式塔。

大雁塔是方形七层砖构塔。中心部分由土堆积,周围用砖砌成。这与下文所讲的小雁塔是城内两个仅存的唐代寺院实物。

荐福寺位于开化坊,即从朱雀门向南第二个坊,为区别于大雁塔,称之为小雁塔。其塔顶残毁,原建造于景龙元年(707),仅比大雁塔晚数年,基本属于同一时期建筑。后于明成化二十三年(1487)因地震导致顶部坍塌。小雁塔是密檐式砖构塔,现仅存的塔身只有13层,如图3-18所示。

图 3-17 大雁塔　　　　　图 3-18 小雁塔

此建筑建于唐 8 世纪初，后经宋、明、清各代修复，在明朝成化年间遭受严重地震而损坏。后在明末再次遭受地震，据文献记载，塔自顶至足，中裂尺许，可想当时地震之强烈。此后，虽经多次修复，但塔顶至今依然残损。据记载，塔原为四方 15 层，高约 50 米，现在为 43 米，若将塔刹包括在内可达 50 米。由于大雁塔高 64 米，所以，小雁塔与大雁塔相比小一圈。

现在，小雁塔底部仅剩塔身部分。据宋朝史料记载，原本四周围有木塔檐，因漏雨等原因遭损坏，在宋时塔檐就已破烂，不堪修复。因而，在其后的明代及其他年代的绘画中，呈现的即为没有塔檐的形状。也就是说，唐代初建时底层有塔檐。现在几乎见不到这种形式的塔了，但山西省的应县木塔以及更早时的塔，仍有些保持这种形式。法隆寺的五重塔底层就有塔檐，说明这才应该是传统的形式。

作为城内保留下来的寺院，除上述大雁塔和小雁塔两处之外，至少有 90 处甚至 100 处佛塔林立。当然，也有非常重要的寺院，其中特别举出以下两例。

大兴善寺与青龙寺

大兴善寺位于靖善坊,即朱雀大街正中的一个坊,隋文帝大兴城时所建。修建大兴城时,东侧建佛教寺院,西侧建道教宫观,左右对称分别占去一坊之地,破规格建造了巨大的寺院和道观。这有力反映了当时佛教和道教非常之盛行。大兴善寺是作为国立寺院的代表所修建,是唐代最重要的寺院之一。现在作为遗址,地方还存在,古建筑已荡然无存。

大庄严寺位于永阳坊,这原是隋文帝时期一个称作禅定寺的大寺院,是由前文所讲到的官僚建筑家宇文恺所设计。它在当时是一个非常有名的寺院。除此之外,城内还有许多有名的寺院。

其中与本次展览相关,并且正在进行发掘调查的寺院有两处。所谓寺院的发掘调查,中国并不像日本那样盛行,基本仅有这两例,另外还有一例,就是位于新昌坊(东城墙相接的地方)内的青龙寺。

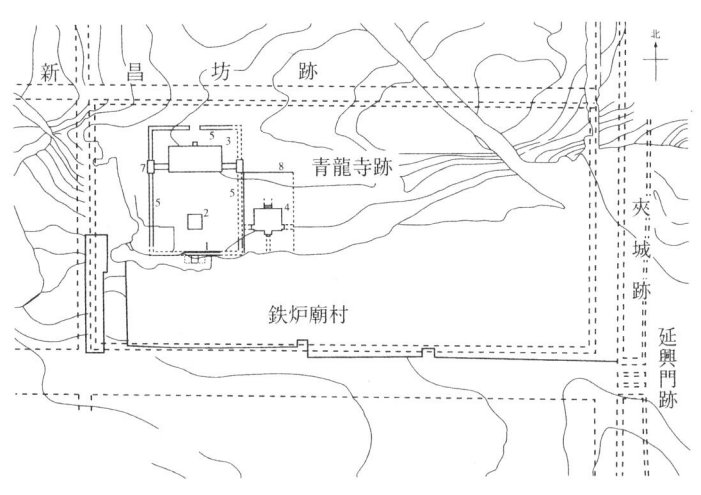

图3-19 青龙寺遗迹(《考古》1987年第4期)

图3-19是发掘区域的整体示图,现在仅发掘了中心区域部分。南侧是山门或者中门,入门即看见塔的墩台,进而是佛殿的一个回廊。此外还有一个区域,此处有正方形佛殿墩台,为不同时代所建,上下两层重叠,

中心略有偏离，这一点通过发掘调查得以证实。这就是空海在此学习过的著名的青龙寺。

因为遗迹是建筑水平不同的上下两层相重叠，所以，可了解到这是在原墩台损毁后经重新修建而成。其平面位置大概可从上层来判断，也就是之后所建的部分。空海在此地学习之时所见墩台，可能为此时期所建，但究竟具体是在什么年代，这一点还不能够确定。但是，如果从柱子的位置关系来判断，也许可表示为如图3-20所示结构。

图 3-20 青龙寺密教佛堂复原图（杨鸿勋《建筑考古学论文集》）

现在青龙寺虽已成为历史名胜，但因底层已遭破坏，仅能够了解到整个佛殿墩台的大小以及横向有斜坡而已。其上层稍稍错开，垒有后期所建建筑，完全不清楚墩台内侧情况。此平面图实际上是按照日本室生寺以及其他真言密教建筑的相关情况，进行反向推断所画的图，缺乏有力证据。但是，青龙寺现有根据推断重建的建筑，按照日本建筑的感觉来讲有些奇怪，显得与时代特征不相吻合，略有画蛇添足之嫌。

另一个发掘的就是西明寺，如图3-21所示，位于延康坊，显庆三年（658）所建。空海和圆珍都曾去过此寺院，与日本高僧关系密切。据发掘调查，发现的仅为建筑的墩台和回廊部分，柱子的分布情况仍不清楚。另外，当时还出土了石臼，上面刻有"西明寺石茶碾"的铭文。因当时中国有饮用抹茶的习惯，由此可判断此乃唐代西明寺的茶臼。这是一个非常有名的实例。

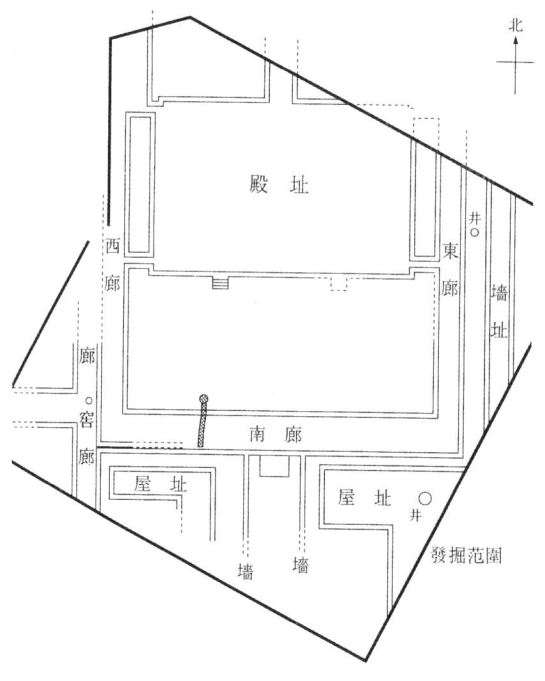

图 3-21　西明寺遗迹

此外，长安地区寺院还有两个实例。一个是兴教寺的玄奘塔，其位于长安城南樊川，是一个四角五层的楼阁式砖塔。原作为玄奘的墓塔修建，但现在的塔为太和二年（828）所重建。

另一个就是香积寺中的塔，其位于长安城西南的韦曲，是唐代 706 年的密檐式砖塔。与小雁塔一样塔顶破损，现有 11 层，推测原来也许有 13 层之高。

香积寺是为了纪念"净土二僧"之一善导大师所建。此塔与日本有很深厚的因缘。

以上唐代保留下来的实物中，与长安有关仅存 4 个。

最后，再对苑囿简单进行探究。

皇帝的大规模庭园遗址

关于皇帝的大规模庭园，非常遗憾因为还未进行考古学发掘，所以不能进行详细论述。其中之一是前文所提及的大明宫后面的庭园，正中是太液池。这在"文化大革命"之前发掘时，根据当时考古学的解释叫作"汀线"，由于没能正式进行发掘调查，所以，不知是否可称其为复原。所发表的并不是发掘调查图，而是类似于推测复原图。实际遗留下来的考古学遗迹规模应该更小一些，可绘制推测遗址图。

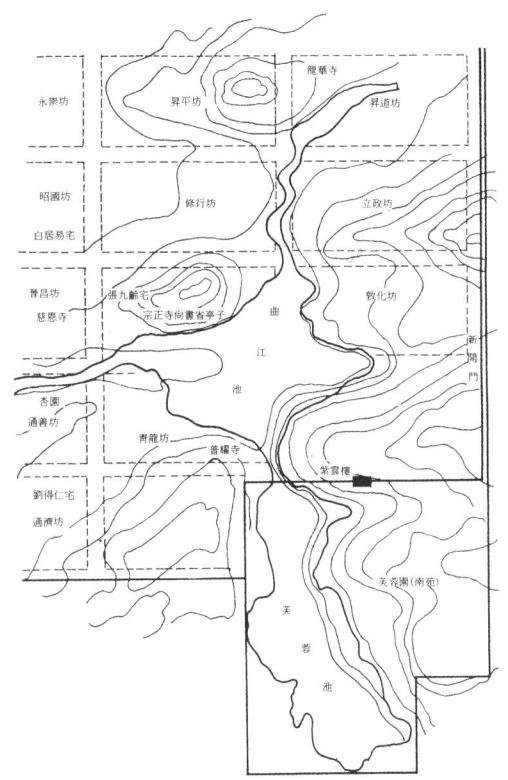

图3-22 曲江·芙蓉池复原平面图
(《中国美术全集·建筑艺术编·园林建筑》)

太液池中有一个称作蓬莱山的中岛。蓬莱、瀛洲、方丈是东海三大神山，原本是东海神仙栖居之地。在秦始皇、汉武帝开始修建真正的苑囿时，因非常热衷于神仙思想，所以，便将东海神仙栖居的山建为岛屿，这在当时非常流行。甚至到以后各时代，均沿袭了这种思想，隋唐也修建了相同的岛。

因此，蓬莱山若作为庭园，即为池中之岛，模仿飘游东海的神仙所住岛屿修建。日本的净土庭园——宇治的平等院、平泉的毛越寺等，均间接受此庭园模式影响。此池中之岛的模式若要追本溯源，其实是模仿了东海的蓬莱山。此处现在已变为旱地，水池已消失。只是，蓬莱山原所在地，现在还有一个小山丘似乎在昭示曾经的辉煌。据说那里还有一个祭祀唐代著名医学家孙思邈的道观，虽为后代所建，但要从与蓬莱山关系的角度来讲，也并非丝毫无缘。因为是医治皇帝疾病的名医，可以想象，也许到了后世，人们怀着对他的崇敬，便在此旧址上建起了民间庙。

另一个即兴庆宫。兴庆宫南侧有名为龙池的巨大池塘。有记载称，唐玄宗曾用绫绢造了双层楼船，就像外轮船一样，利用大象来踩踏，唐玄宗在其中游玩。一直到后代，这里都是皇帝行幸游览的场所。

另一个是城东南角凸出来的曲江池。查看长安地图，会发现只有右下部形状不规整，此处就是曲江池和芙蓉池。根据这部分地形图和最近考古学所获得的数据，绘出如3-22所示图形。

前文讲到，唐代长安有三个宫城。修建宫城之后，又沿大明宫东侧城墙修了夹城（双层城墙）直通曲江池，皇帝、皇后、嫔妃可乘马车前往。从结构上讲，此夹城与南禅寺水道桥作用相同。前者有低矮的围墙，皇帝和王妃从大明宫前往曲江池游玩，可掩人耳目，悄然前往。

最后是华清宫，此宫并不在长安，而是位于骊山秦始皇墓附近，是唐玄宗与杨贵妃演绎著名《长恨歌》的"舞台"。华清宫是目前通过发掘调查所了解的少数几个在温泉地修建的离宫之一，相当于避寒离宫。在此发现有像海棠和莲花形状由石头铺成的温泉浴池。目前是保护遗迹，供游客观看。建筑内部是浴池，建筑外面是复原后的建筑。

长安与平安京

井上满郎

长安与平安京

当想到或听到平安京这个名字时,人们也许会马上联想到长安。平安京于794年十月成为都城,是以中国长安城为原型建造而成,这一观点已为人们所普遍接受。而且,仿照长安修建的平安京,甚至于现在的京都,例如棋盘状的道路等,均以各种形式呈现出昔日长安城的面貌。

因此,长安,这座中国的都城毫无疑问成为平安京,同时也是现在的京都在修建时最初的原型。这也是值此平安京建都1200年之际,策划、实施"大唐长安展"的意义所在。在此,对于成为平安京建都1200年原点的长安,笔者试图从更深层次进行思考。

绚丽绽放的古代都市之花

平安京乃仿长安城建造而成,这已成为人们的普遍认识。翻一翻教科书等,也都有明确的表述。初中的教科书上有平安京的插图;高中教科书中平安时代部分,有一条大道、九条大道、东京极大道、西京极大道等四条大道整齐围成棋盘状的平安京的地图。也就是说,教科书等一般书籍在书写京都历史时,首先从平安京时代开始。若仔细阅读会发现,未必写有相关内容,但若粗略浏览,其记述总使人产生上述认识。

有关平安京的面貌，可以从著名的《万叶集》中太宰少贰（相当于管辖九州地区的政务次官，位居要职）小野老的短歌中窥见一斑：

繁花似锦馥郁香，古都奈良城。

奈良的都城犹如盛开的鲜花一般色彩缤纷，馥郁花香弥漫整个平城京。这首歌所歌颂的时代，距历史上的平安京相差了大约半个世纪。人们大多认为平安京也正如这里所描写的，繁花盛开、芬芳四溢、多姿多彩。平安京在公元794年迁都时，的确由四条大道围成，雄伟壮丽。人们自然认为平安京如盛开的鲜花般，呈现繁花似锦的景象。

但是，事实并非如此。神龟元年（724），也就是710年，旧都城迁至奈良后的第15个年头，这一年太政官发了如下公文（《续日本纪》神龟元年十一月甲子条，出自林陆朗著《完译注释续日本纪》）。

十一月甲子。太政官奏言：上古淳朴，冬穴夏巢。后世天皇以宫室代之。另，有京师成帝王居。万国朝所，此若非壮丽何以表德。板屋草舍乃中古遗制，难营易破空殚民财。仰请有司五位巳上及庶人堪营者，构立瓦舍，涂赤白。

奈良都城于公元710年成为日本首都，经过15年，公元724年都城建设大有进展。虽然如此，但是此时砖瓦屋顶结构且涂成红白色的房屋仍不多见。所以，"修建瓦房，涂以红白"的命令便非常有意义。如果当时平城京内砖瓦屋顶结构且涂成红白色的房屋鳞次栉比，那么这个命令则毫无价值了。正确的理解应该是：小野老虽歌颂平城京"如繁花似锦"，但是都城真实情况绝非如此。所以才颁布了这道命令。

倘若你亲眼去看一看，亲自在奈良都城里走一走，你会发现那里并非没有繁花似锦之处，但多数街道并不像描述的那样多姿多彩、雄伟壮丽。这一点反而通过上述史料得到了佐证。

都城的真实面貌到底如何，分析一下普通百姓的房屋等便一目了然。当时，民宅完全没有砖瓦屋顶结构的房屋。到了江户时代中期，基本上屋顶都不是瓦铺的，而是木板。现在看来，当时的房屋非常简朴。而在古代的平安京，这种情况极为自然。占据平安京绝大部分空间的普通百姓的居住区域,并不像上文短歌中所描写的繁花似锦、万紫千红。甚至可以用"简陋"来形容,但朴素中充满了活力。此外,当时命令人们把房屋涂成红色和白色,是因为不希望外国人(对当时的日本来说外国即指朝鲜和中国),来到日本时,眼中看到的是简陋的平城京都城。因此,下令修建砖瓦房屋,并涂成红白色。日本房屋一般不涂颜料。现存的建筑物本身很新,例如伊势神宫或者出云大社等,但这些神社均未涂颜色,是日本房屋本身自然的颜色。保持自然的颜色是日本住宅的传统。总之,平城京甚至平安京和京都的面貌,都与上述描写的繁华景象不相吻合,这种观点才符合历史的真实情况。

平安京乃仿长安建成?

正如前文所述,很多人认为平安京是以长安为模型建造而成。那么,这种说法到底源于何时?就此进行调查,意外的是并未发现任何结果。提起平安京,人们立刻会联想到将长安的规划布局带回日本,仿照长安而建。然而,查阅古时各种论文、书籍,却并未发现有将平安京和长安联系起来的观点。江户时期,一部在世界上很有影响的大部头书籍——《大内里图考证》,其中并未记载平安京乃仿长安而建。到了明治时期,近代历史学开始发展,初期书籍中也未出现。其中有一部出版于1890年的《国史眼》,是日本近代史上最早记录日本历史概况的书籍,详尽地记载了从古代到明治时期的历史。之所以介绍这本书,因为它是日本近代史上最早,并获得国家正式承认的历史书籍。笔者翻阅《国史眼》"东京帝国大学藏版"(明治二十三年,所谓的大学就只有东京大学,东京帝国大学就相当于当时的日本政府)时发现,截至1890年,并未有人指出平安京是仿造长安或洛阳城所建。

那么,是谁最先提出平安京与长安相似的观点?对此虽然没有确切记载,但是很早就有一位非常重要的研究者关野贞(1867—1935)提到过此问题。他于1907年出版了名为《平城京及大内里考》一书,这是有关平城京研究的学术专业著作,当时能够有幸阅读到此书的人并不多。

关野氏在书中讲到，平安京的宫城以及朝堂内部规章制度，基本以隋唐为蓝本设计而成。平安京的建设是"取其精华，开拓创新"。《平安京及大内里考》提到，平安京是模仿隋唐的长安和洛阳，但绝不是以它们为模型原样照搬；指出在修建平安京的过程中，日本保留了其精华，并对不足之处进行了日本式独特的创新。

喜田贞吉（1871—1938）——日本最早研究古代都城形制的专家，以热衷于辩论而闻名，几乎是同一时期，他与关野氏就都城形制展开了辩论。辩论中，喜田1911年提出，日本的平城京及平安京"主要依据华夏长安城"——根据中国长安城的规制建成。关野氏1907年提出，修建平城京和平安京时，日本吸收了中国隋唐的制度，同时也结合了日本的创新。也就是说，关野贞认为日本在修建平城京和平安京时，模仿长安的部分较少；相反，喜田贞吉认为虽然也有未模仿之处，但模仿的部分居多。

如上一再强调1907年、1911年两个时期的重要性。这个时期，主张日本的平城京和平安京是在中国都城影响下，再夸张一些讲，是在国际化环境中建成的，这一观点必须引起注意。

当然，这个时期日本取得了中日甲午战争及日俄战争的胜利，真正地踏上了近代化发展之路。提到近代化，大家不由得会想到明治维新。然而，明治维新中实现近代化的只有政治体系，社会形态当然无法随之迅速实现近代化。实际上，社会形态实现近代化是在取得中日甲午战争和日俄战争的胜利，经过产业革命，即20世纪之后。而且，1910年吞并了韩国，1911年收回了不平等条约中关税自主权。此时正是日本真正在国际环境中步入近代化发展的时期。当时在古代都市研究中，指出日本都城受到中国都城影响，在国际化环境下建成了平城京和平安京。从历史学发展的观点分析，笔者认为隐含了一个重要的问题。

关野氏和喜田氏的学说存在差异，但均未明确日本的平城京和平安京是完全模仿中国长安还是洛阳。有关上述两位前辈的学说，后来强调的是他们关于日本的平城京和平安京是仿照长安而建成的部分。在学术上未得到证实之前，模仿长安和洛阳的观点就不断扩散，以至于大家都认为是照搬长安修建了平安京。在此，首先希望大家注意的是，学术上证明日本的平城京和平安京与中国的长安和洛阳相似的专家学者，的确认为吸收了长安城的规划建制，但并未提及将其完全适用于平安京的建设。

何谓"都城"

首先，在此简单考察一下"都城"一词的出处。先查阅一下日本出版的最权威的汉和词典——《大汉和辞典》，"都城"一词是指"天子或者诸侯的都城""有城的都市"。这里的"都"不是大家所想象的近代城邑。都城一词出现在中国《左传》《汉书》等史书中，因此它并不是日语，而是汉语。

日本最早出现都城一词，是在天武天皇十二年，即公元683年。（《日本书纪》天武天皇十二年十二月庚午（十七日）条，参照岩波文库《日本书纪》）。

凡都城、宫室，非一处，必造两参。故，欲先造都难波。

声明都城和宫室非一处，必须是两三处，甚至多处。这是大家所熟知的一个关于复都制的史料。所谓复都制，是指都城不限于一处，有两处甚至更多。中国的都城就是这样，长安和洛阳，基本上两处并用，均为都城。皇帝只有一个，政府机关也仅一处，一定是居于某处。既然如此，单个都城就不能称其为都城吗？其实并非如此。在中国最多时都城达5个之多，史上普遍修建多个都城。由于日本都城的设计以中国为蓝本，因此笔者认为，日本若以中国为蓝本，那么，中国实行复都制，日本自然也会采用复都制。

这个问题暂且搁置一边，总之，这里不是和语中的"都"（读作"miyako"），使用的是汉语"都城"一词。此处的"都城"可认为是泛指都城的普通词语，可能没有什么特别含义。只要是天皇和政府机关所在地，史料中均会笼统地称之为"都城"。

那么，究竟是谁把历史上《日本书纪》中出现的"都城"一词用来表示日本古代都市？好像应该是前文提到的喜田贞吉氏。他于1911年写了

《本邦都城制》一文。

其中，喜田氏讲道："所谓京都，指的是除了帝王居住的宫殿之外，还要包括附近其统治下的吏民（官差和一般市民）的住地。（京都是对有天皇居住的宫殿以及聚集在周围的吏民生活区的总称）。此外，还应建有防御都城的城郭，才能称得上是都城。"因此，喜田氏所说的"都城"一词成立的根据是：①居住天皇，但只有天皇并不是都城；②居住吏民，即居住着官差和广义上的市民；③拥有城郭，就是拥有防御设施。满足了这三项才能称之为"都城"。

然而，日本的都城并没有第三项作为防御设施的城墙，即城郭。因此喜田氏的结论是"虽有都，但不应称其为都城"，即虽然有都市，但原本意义上的都城必须有城郭、防御设施、城墙。日本没有城墙，仅居住着天皇和市民，故可称之"都"，但并不是真正意义上的都城。

《旧唐书·东夷列传》记载，"倭国……居无城郭，以木为栅，以草为屋"。在中国看来，与四周环绕高达四五米城墙的长安和洛阳相比，日本的都城自然看起来好像没有城郭一样。因此，喜田氏认为日本虽然有都，但并没有真正意义上的都城。显然当时古代的中国人也这么认为。

都城制的真实情况

接下来，讨论一下如何从布局上把握都城制。日本都城特征的第一点是南北方向布局；第二有中心轴，即左右对称；第三有城墙。这三点可以说是日本都城制的三大特征，自然都源自中国的都城规制。这些要素不仅在日本，在东亚朝鲜半岛的宫城也都一脉相承。在研究都城制时，须首先留意这三大要素，然后再来分析平安京的特征。

不仅中国，东亚各国都城普遍相同的第一大特征——呈南北向分布，这在日本历史上已知的都城中，也毫不例外。由南向北望，北部是国王（大王、天皇）的居室、政府机关，南部分布着街区和住宅区。

第二个特征——左右对称，现存的日本宫城都采用左右对称的原则，也有少数例外。

第三个特征——城郭，不光平安京，日本所有的都城在这一点上都存在问题，即平安京等日本都城的城墙不完整。日本平安京并非四周都有城墙，只有正对着九条大道的最南边一侧修建了城墙。中央建有罗城门，罗城门两侧修有城墙。因此对于第三个要素——城墙，平安京完全不符合。虽然不符合，但平安京曾修建过城墙却是事实。不过，军事上并没有发挥任何作用，因为，城墙至少应当是军事防卫线。从外部攻入，可长驱直入的平安京城墙，并没发挥出城墙的作用。因此，仅在南部修建城墙没有任何意义，若从两侧迂回攻入，城即刻被攻破。

历史上，长安屡次受到少数民族的侵袭，或者不一定是来自于少数民族侵袭，而是政权的更替等原因沦为战场。从这个意义上讲，长安城墙具有极其重要的现实意义。城墙是否完好，对于城墙内以皇帝为中心的国家及政府的存亡具有非常重要的意义。然而，日本的宫城，并没有像饱受蹂躏的中国长安那样受到其他民族的入侵。日本平安时代勉强称得上少数民族的虾夷，确与日本政府屡次交战，但在平安京历史上，从未出现过虾夷势力超出东北地区，进而威胁到平安京的情况。

所以，平安京无需设防御性的城墙。虽说如此，事实上正如关野氏和喜田氏两位专家所指出的，平安京模仿了长安的形制。长安城四周围着城墙，但是在日本四周并不需要全都修建城墙。根据日本现状与国情，经过充分考量，最终只在南侧修建城墙。南侧正面所修建的罗城门，相当于平安京的正门。外国使节进入平安京时，基本上都是穿过罗城门，直接向北走进天皇所在的政府机关。这些外国使节穿过罗城门时，如果看见罗城门两侧有城墙，就会误以为四周都有城墙，会被眼睛蒙蔽。实际上，正如上文所述，政府自身也很清楚平安京城墙就是为了给外国人看而已。虽然并没有史料证明，仅在平安京的南侧一面修建城墙是为了瞒过外国人的双眼，但是，结合平安京的实际情况来看，如果只在南侧修建城墙，对于从罗城门进来的外国使节，他们视觉上看到的平安京，就如长安城一样四周都围着城墙。虽然实际上并不需要作为防御设施的城墙，但由于必须向外国使节展示平安京和中国长安一样是大首都，所以只在南侧修建了作为

"摆设"的城墙。

从这个意义上讲，显然，平安京事实上的确模仿了长安或者洛阳。但是，其模仿是日本式的，符合日本的现状、社会、国情。仅从城墙一个侧面便可了解这一点。一个大都城，无需完全照搬，不需要之处尽可能舍弃。长安城内有100多万人口，而日本的平安京内却不足10万人。所以，所建规模只有长安的三分之一，也并未照搬。但是在模仿的过程中，如何根据日本的实际情况设计和施工，是视具体情况而定的。

其次，就平安京与长安和洛阳的关系，即与中国都城的具体关系，稍作细致分析研究。

东京=洛阳、西京=长安

对于《拾芥抄》成书于何时，很难给出明确的回答。但应该远在平安时代之后，按现在的观点，应为镰仓时代末期。书中写道："东京称为洛阳城，西京称为长安城"。也就是说东京相当于洛阳城，西京相当于长安城。

《帝王编年纪》的确切成书年代，也不十分清楚。但应在平安之后的室町时代。其中也记载着"东京又称左京，唐名为洛阳；西京又称右京，唐名为长安"。即镰仓时代末期的《拾芥抄》以及室町时代的《帝王编年纪》中均记载，平安京的东京相当于洛阳，西京相当于长安。

另外，平安京西半部的"长安"很早就开始衰落，住宅区集中到平安京东半部分。原来由四条大道围成的长方形区域内平均居住的格局被打破，人们不断向东移动，西边便渐渐萧条起来。长安这个名称也因此渐渐被淡忘，直至废弃。只有东半部的洛阳依然兴盛，最终京都便被称作洛阳，其城内称为洛中（意为洛阳的中心），就是这个缘故。

为什么仅保留了平安京东部"洛阳"的名称，而"长安"却逐渐被废弃了呢？正如上文所述，住宅区的东移是造成"长安"衰落的原因。所以，提到平安京和京都，便就只有洛阳了，因此洛阳成为京都及平安京的代名词。不过，这一点能否被证实，笔者对此表示怀疑。如果能够被证实，希望有机会进行研究。

平安京的东半部分被称为洛阳，西半部分被称为长安，原因何在？中国由于有副都，曾经在一段时期，长安和洛阳只使用其中一个，但在相当长的时期内两者同时并存。中国有长安和洛阳两大都城，日本在当时却只有平安京一个都城。为了解决这个问题，便将东半部分作为洛阳，西半部分作为长安。因此，很多人认为从平安京初建时，已受到复都思想的影响。如果这个推论成立，那么，复都制的思想应该早在天武天皇十二年（683）就已存在。这样，最初作为宫都的藤原京便应称为副都。

不光是藤原京。平安京的右京被称为长安，左京被称为洛阳，应该也并非始于平安时代初期，即平安京建成之时。如果平安京是原样照搬长安或者洛阳，吸收中国长安和洛阳的复都制建成，那么，从794年平安京建成时就应称之为平安京。然而，经过史料证实并非如此，是建成很久之后才称为平安京的。

那么，将平安京右京称为长安，左京称为洛阳始于何时？

延历十一年（792），政府颁布了"明经之士宜熟习汉音"的命令（据《日本纪略》）。按照现在的说法，当时高级公务人员参加考试时，汉音是必考科目。第二年，即延历十二年，对佛教界颁布了"每年官许出家的僧尼，不学汉音不得出家"的命令（据《日本纪略》）。即出家时必须具备汉音素养，否则不能成为僧侣。因为当时的僧侣由国家批准认定，不经过国家许可，则不能成为僧侣。

汉音指什么？受篇幅所限，在此不做深入探讨。日本奈良时代后半期，吸收了中国当时流行的发音，这种音称之为汉音。而之前的音称为吴音。汉音在当时非常流行，汉音中把"音"读作"onn"，"日"读作"jitsu"，京读作"kei"，吴音则分别读作"inn" "nichi" "kyou"。当时有政策，不掌握这种发音不能成为公务员，亦不能出家当和尚。延历十一年及十二年是长冈京时代，平安京还不是首都。

之所以提及这一点，是因为在研究中国文化对日本的影响时，这一时期非常重要。日本自古以来，通过极力吸收中华文化和文明，尝试建立国家，构筑文化。日本大量吸收中国文化和文明，实际上始于奈良时代末、平安时代初。当看到更早期的堪称为天平文化象征的正仓院宝物时，就会发现中国文物数量非常之多，因此，笔者意识到奈良等时期受到中国文化的影响非常之大。不过，日本社会整体积极接受中国文化的顶峰是在平安时代初期。

平安时代初期，文学方面，也是中国文学的全盛时期。甚至出现了"国风暗黑"一词，形容当时极力接受中国文化的情形。空海和嵯峨天皇所代表的文学，基本上都是汉文学。此后不久，因为假名文字的发明，日本文学才逐步发展起来。从上述事例可以看出，平安时代前期是有目的、有策略地强烈倾向中国，可以说这是一个中国文化大流行、大普及的时代。

名称东京和西京，最早始现于公元859年。也就是说是在迁都平安京60多年之后的859年，首现东京、西京和平安京这样两分法的表述。虽然不知是否有意将平安京与东京区、西京区视为两个不同的区域（很早以前，出于需要，行政上划分为东京和西京），但通过史料得知，将其视为两个不同区域，是在迁都平安京大约半个世纪之后。

而且，人们推断那时因中国也出现了长安和洛阳的东西格局，所以，从859年前后开始，东京就被视为洛阳，西京就被视为长安了吧。必须强调一点，平安京并非从一开始就视东京为洛阳，视西京为长安。

平安京坊名与洛阳、长安

平安京被划分成一个个长方形的区域，各个区域都有各自的坊名，例如宜风坊、淳风坊等。

浏览一下左京和右京，即东京和西京的坊名。当初在命名时，若认为右京就相当于长安，左京相当于洛阳，那么，日本平安京右京的坊名，应该全部取自于长安，左京的坊名就必须全部取自洛阳的坊名。然而实际情况却并非如此。洛阳和长安的坊名，在左右京中是混用的。在此，还有一个非常重要的事实，即桃花坊、延嘉坊、关建坊3个坊名不知是出自洛阳还是长安。长安和洛阳的坊名,在不同时期会发生一些变化。虽然还不明确,但应该不会是出自长安和洛阳之外的地方。截至目前,对于这3个坊名的起源仍不清楚。

顺便提一下,这些坊名,多数是作为小学校名保留了下来。明治时期,京都成立了日本最早的小学。当时,在考虑学校命名时,就将平安京的坊名定为小学的校名。例如:铜驼、教业、淳风、光德、崇仁、陶化等,有一些校名至今仍然保留。由于学校均地处城市,故这些校名正在逐渐消失。不过,这些校名历史可追溯到平安京时代,非常具有纪念意义,希望能够尽可能保留下来。然而,由于儿童数量的减少,终将难逃消亡的宿命。

总之,在确定平安京坊名时,并未认为平安京西半部分是长安,东半部分是洛阳。否则,就不会如此矛盾,而应该统一于某一方。

《掌中历》一书中列有坊名一览表。此书成书于平安时代后半期,因此,在当时这些坊名应该已经存在,被固定用于各个不同区域,最终变成了固有名词。但具体可追溯到平安时代后半期的什么时间,还不十分明了。

那么,坊名最早出现于何时?应为874年。在此之前,没有出现过平安京的坊名。874年,坊虽然已经有了名称,然而,对于此前何时起的坊名却无从知晓,也许就在当年,也许在此之前,只是在874年才有证明。也就是说,平安京建成的794年前后,坊名并没有被确定,如果已经确定,应该更早就可以看到。直到874年才看到,由这一点可以推断,就像何时将长安、洛阳命名为右京和左京这个问题一样,平安京在建成时,并未命名坊名,而是在此很久之后。

殿舍及诸门名称

平安京的殿舍和诸门的名称亦与长安、洛阳的有着密切的关系。把紫宸殿、仁寿殿等日本的殿舍(宫殿)、门的名字和长安城太极宫、长安城大明宫、洛阳城洛阳宫进行对比就会很清楚。

将宫殿和门的名称，仿照长安和洛阳，改成中国式名称，究竟始于何时？参考《续日本后纪》中菅原清公去世时的记事：818年，国家颁布诏书（天皇的诏书），"天下仪式、男女服装，皆依唐法。……诸宫殿院堂门楼，皆着新额"。此年所有宫殿的建筑物、门的名称都依照"唐法"做了修改。虽未详细记载修改的内容，但有命令改成中国式名称。也就是说，818年之前，794年平安京刚建成时并不是这样。正因为如此，818年改造成中国风的政策才具有现实意义。通过这个史料说明，794年平安京建成时，绝对不是中国风，即不是长安风或者洛阳风。

以上，对如下三点进行了探讨。第一点，何时将右京称为长安，将左京称为洛阳？第二点，何时命名为长安和洛阳式坊名？第三点，何时将宫殿和门改成中国式名称？通过这三点的研究了解到，818年宫殿和宫门改为中国式名称，是关于平安京命名为中国式名称的最早记录。

818年以前，平安京并非中国式，这一点已经很清楚。虽然从818年开始，平安京已经开始了"中国化"，这样表达或许不太恰当，但在当时并非将长安视为平安京的西半部分，将洛阳视为其东半部分。如果平安京在建成时，就已决定西半部分模仿长安，东半部分模仿洛阳。那么，坊名应该在很早之前，西半部分全部采用长安的坊名，东半部分全部采用洛阳的坊名。而事实证明并非如此。

以上，综合各方面分析表明：平安京并非一开始就以中国都城长安和洛阳为模型建造的与其完全一致的都城。

既然如此，平安京开始建造时，是否完全没有借鉴中国都城的形制？回答是否定的。前文中也已提及，虽然只是一部分，但还是吸收了中国城郭的建筑式样。所以，并非完全没有借鉴。但是，必须注意一点，平安京并非一开始就直接照搬中国都城式样制订平安京的建设计划。提到平安京，一般认为是照搬长安的规划式样，在京都盆地实施庞大的建设计划，建成了一个与长安匹敌的大都市，这种认识明显有误。甚至平安京的中国化——左京即洛阳、右京即长安，以及某某坊——现在被作为学校名保留下来，在京都历史上产生过重要影响的地名，都不是平安京刚建成时命名的，而是在那之后很久才被命名，这一点必须谨记。笔者固执地认为，平安京建设源自长安，长安是其蓝本——这样的观点完全站不住脚。

平安京宫城的结构

京都的阳明文库中，保留着元应元年（1319）制作的平安京宫城图。宫城中间偏右方是皇宫，周围分布着政府机关，被称为平安京的核心。观看阳明文库中的《宫城图》就会发现，东侧有待贤门，对应的西侧是草（藻）壁门。想象画一根连接这两个门的线，平安京中相当于宫城的部分，正好是长安城北侧大致呈正方形的部分。这个正方形部分被分为两个区域，一部分是中国长安城位于南侧的皇宫（政府机关的位置），另一部分是位于北侧的宫城（在中国是以皇帝为中心的区域，在日本则相当于皇宫）。而日本的平安京没有如此划分，中国被划分为皇城和宫城的宫城，在平安京并存于一个区域内。

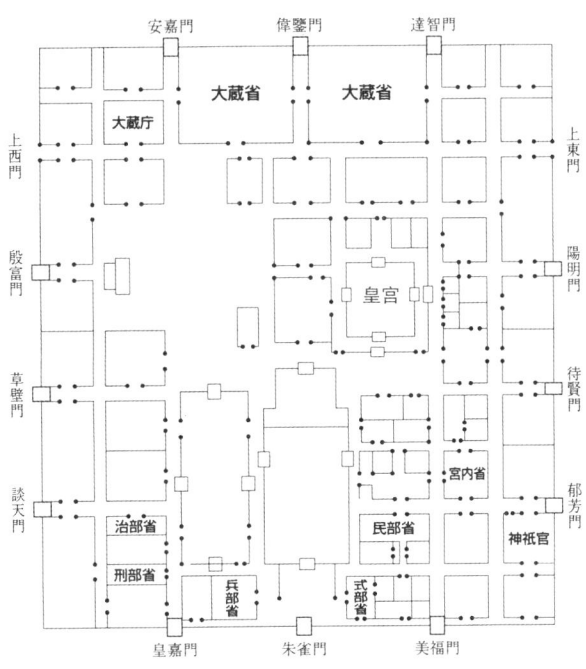

图 4-1 二官八省的位置图

长安——绚烂的唐都

图 4-2 平安京坊名一览

因而，如果日本的平安京是以中国长安为模型建造，平安京也应该模仿在中国长安所见到的，皇宫和宫城两个区域分开的原理。但是，平安京宫城内并没有将天皇（中国为皇帝）的住所——皇宫和政府机关清楚地区分开来，即日本的平安京并未模仿中国长安皇城和宫城的形式。中国为何要将两者区分开？笔者不是研究中国历史的专家，不能够对此做出专业的回答。但是，简单来讲，中国把以皇帝为中心的家政区域——宫城，和作为政府机关区域的皇城分离开，是为了将皇帝的私生活（当然不是指近代意义上的）或者权力，与政府政治执行机关分离开来。

的确，若稍了解一下中国史，会发现常常有皇帝被杀的事件。人们认为，皇帝若治国无方、不能为国民带来和平与安定，就应该换新皇帝。当然，不可能轻易、直截了当地更换，但因皇帝与政府机关（等同于国家）在一定程度上相互分离，所以也并非完全不可能。而在日本，虽然不是从来没发生过天皇被杀之事，但是，的确没有发生过像中国王朝更替时的"革命"。这也许是中国历史和日本历史的一大区别吧。

所以，日本的平安京，并没有把天皇居住的皇宫与政府机关分离开来。政府机关将日本具有最高权力的天皇奉为至尊，这种形式可视为混合一体。总之，当时即以这种方式在处理朝政。

当时日本朝政执行机关被称为"二官八省"。"二官"指的是神祇官和太政官，是日本古代最高的国务执行机关。而太政官的下属机构被称为"八省"，分别为中务省、式部省、治部省、民部省、兵部省、刑部省、大藏省、宫内省。

看一下上文所提到的部门所处的具体位置，会发现二官八省中，连接待贤门和草壁门两个大门的直线，其北侧只有大藏省，其他的二官七省均在连线南侧。这条连接待贤门和草壁门的直线，是将平安京宫城分为南北两个部分的分割线。所有的政府机关基本上都分布在由待贤门和草壁门连成的直线南侧。

只将大藏省设置在北侧，有一定的原因。大藏省管理从全国各地征收上来的税物，需要仓库。不可能把仓库设到南侧，因为宫城的南侧是正面，不能设庞大数量的仓库。根据仓库所在位置，只能将大藏省设于北侧。另外，重要的一点，除大藏省之外所有的政府机关都设置在南侧。

将其与长安进行对比就会明白，平安京的确不像长安那样完全将宫城和皇宫分离开。但是，分离的思想或者意识，从平安京中可以清楚地看到。所有政府机关都设在南侧，是模仿长安将皇城设于南侧的原则。

以上，根据史料对平安京与长安、洛阳的关系，进行了粗略的分析。笔者论述的第一点，即针对平安京照搬长安建造而成，认为这一认识明显有误。事实并非如此简单，对此问题的进一步论述，请恕此处略去。它是依据植根于日本社会和国情的具体情况而发展起来的固有都市模式。

第二点，是否平安京丝毫未模仿长安？事实也并非如此。平安京的确是以长安为模型修建而成。但是，是结合当时日本社会的现状、日本社会及国情借鉴了长安的设计，并将其本土化。

以上，就长安和平安京的关系，展开了论述，主要限于形式上的分析。在研究平安京、京都时，必须进一步关注平安京、京都何时成为市民居住的城市。目前，关注的焦点仍集中在形制上两者是否具有相似之处。作为此问题的延续，今后在研究京都、平安京迁都之后绵延1200年的历史及文化传统时，对于外在形制的相似、差别的研究当然不可忽视，但是，平安京和京都何时有民众开始居住，他们如何生活，怎样消失，即何时成为一个名副其实的都市等，也非常重要。如果不从这个视角来研究，就不能认为充分了解了京都。这是所要强调的最后一点，也是一个新的课题，希望以后有机会对此进行研究。

第二部分

长安——绚丽的唐文化

地下宫殿

——陵墓群中多彩的壁画

田边昭三

在进入正文之前,先就唐长安城、唐代皇帝陵墓的地理位置及其历史地位做以简要概述。

作为唐代古都长安所在地,陕西省地处中国西北地区,乃俗称的"西北五省"之一。这一区划还包括甘肃省、青海省、宁夏回族自治区和新疆维吾尔自治区。而陕西因其物产丰饶,地方特色鲜明,即便是在高速发展的当代中国亦可独树一帜。

西安位于陕西中部的关中平原。关中平原东西长约 200 千米,南北长约 70 千米,地形狭长、地势平坦,平均海拔约 400 米。南侧为著名的秦岭山脉,珍贵的大熊猫便栖息其间;北侧有黄河最大的一条支流——壮丽的渭水流经。虽然目前对于区分干流和支流仍以河流的长度作为判断依据,因黄河蜿蜒而绵长,故称其为干流,但笔者认为,黄河在晋陕豫交界的风陵渡地区,流向由自北而南转为自西向东,而渭河恰好也在此处与黄河交汇。所以,从流向上讲,原本自西向东的渭水与黄河下游其实可看作同一条河,比起由北方折入此河的黄河,渭水更应该被称为干流。渭河河道在西安附近将近 1 千米宽,规模颇为宏大,河畔就是如今的西安市。包括唐都及之前的西汉都城在内,古代相继有 11 个王朝在此建都。关于建都在西安的王朝数量,后来有十二或十三朝之说,但笔者仍然认为"十一朝古都"更为准确。但无论如何,西安都堪称中国第一古都。

因此,日本的古都京都与中国西安缔结为友好城市,西安所在的陕西省也与京都府缔结为友好省府。1993年恰逢双方缔结友好省府10周年纪念,也正值平安京迁都1200年,双方举办了盛大的纪念活动。

通过以上简要介绍,想必大家对唐都长安的地理位置和历史地位有了初步认识。

唐十八陵

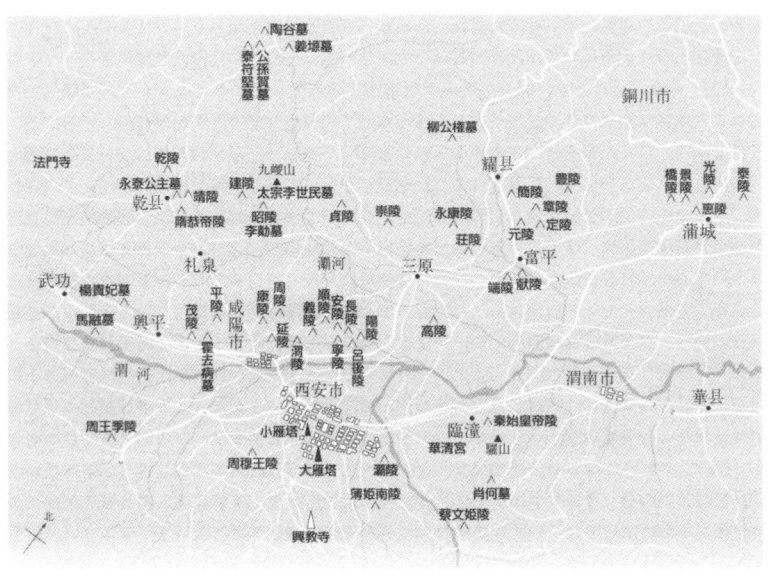

图 5-1 西安附近的遗迹

本次主题是唐代皇帝陵墓。渭水自西向东流过西安北侧,而与西安市隔水相望的渭水北侧,东西依次排列着西汉的帝王陵墓(见图5-1)。西汉11座帝陵中有9座均位于此处,这一带也被称为"五陵原"。最西端的茂陵,是开启丝绸之路者——汉武帝的陵墓;最东端是汉景帝的阳陵。茂陵与阳陵之间,西汉帝王陵墓一字排开。笔者记得前几年去西安,从咸阳机场乘大巴车走高速路前往西安市区的途中,沿路可观看左右两边的帝王陵墓。以前的西安机场紧邻市区，相对方便，而现在虽然路上要花费更长时间，笔者却宁愿如此。

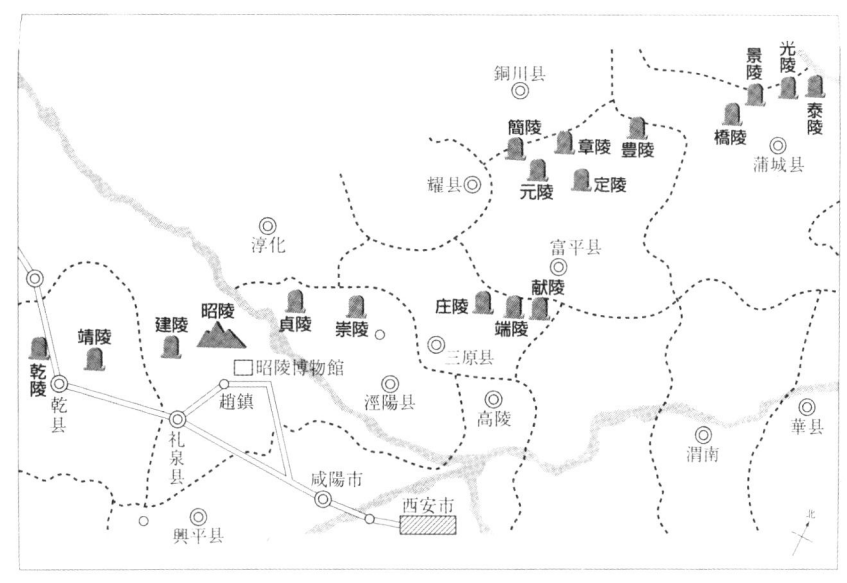

图 5-2　唐十八陵

首先，渭水北岸的唐代陵墓，总称为"唐十八陵"（见图 5-2），亦别称"关中十八陵"。"关中"指日本和歌"箱根山，天下险"中所吟的函谷关、萧关、武关、大散关等四关合围之地，也就是所谓的关中平原。而"唐十八陵"正位于此关中之地，所以又叫"关中十八陵"。下面笔者将逐一介绍关中十八陵及其陪葬墓。

唐代的陵墓，一般是"山陵"。包括汉武帝的茂陵和之前的秦始皇陵等在内，均为人工修筑的土山。而唐陵与日本的古坟一样，是"以山为陵"，所以，渭河丘陵以北有一条东西绵延200—300千米的"北岭山脉"，其间各个山峰，皆为各位唐代皇帝的陵寝。只有唐高祖李渊的献陵建于平地之上。根据史料记载，李渊本是个无能的皇帝，实际建立并巩固大唐王朝的是第二代皇帝太宗李世民。因而李世民的昭陵是史上第一座以山为陵的"山陵"。之后的乾陵，当然也是"山陵"之一。

"北岭"的山峰，平均标高在1000米左右，最高峰是昭陵所在的九嵕山，高约1188米，其余都在1000米左右。这些山峰每一座均被认为是皇帝的陵寝。生活在日本京都的人，对"嵯峨野"这个名词都不会感到陌生。"嵯峨"在日本指平安时代初期的"嵯峨天皇"，而无论是"嵯峨天皇"还是"嵯峨野"，其名称都源于北岭山峰之一的"嵯峨山"。由此看来，日本平安时代文化与唐代文化之间确有着深厚的渊源，其千丝万缕的联系，仅一个小小的地名就可以体现出来。

太宗李世民与昭陵概要

关中十八陵中，笔者首先要介绍的是昭陵，以及昭陵的主人太宗李世民其人。

太宗李世民是唐高祖李渊（见表5-1）和窦氏（窦皇后）所生。在同辈的兄弟三人中，李世民是文武兼备，最为优秀。隋末，中原动乱，各地农民蜂拥而起，正是李世民鼓动李渊趁势起兵，并以其超群的智慧和战术扫荡群雄，平定动乱，为李渊称帝、建立唐王朝立下赫赫战功。正如《十八史略》中所说，太宗李世民是"创业之主、守成之主"。所谓创业之主，是指确立了唐王朝数百年统治基业的人，此人并非开国皇帝李渊，而是李世民。"守成之主"是能保住祖辈基业并在此基础上有所巩固和发展的君主，李世民不仅创立了唐王朝，还保证了之后数百年的统治基础。

说起李世民，历史上的传说故事不胜枚举。公元626年，距离李渊618年建国还不到10年，李世民的才华招致其两个兄弟的嫉恨。尽管当时他哥哥已经是皇太子，弟弟也封了王，但两人仍准备合谋除掉李世民。不想，二人的计划被李世民事先得知，于是就有了著名的"玄武门之变"。李世民集结人马，在玄武门发动政变杀死了自己的两个兄弟，成为皇太子并掌握实权。同年，即公元626年，李渊退位，李世民登基，是为唐太宗。

表 5-1　唐十八陵一览表

墓主人（在位年）	陵名	地点	埋葬年及埋葬者	陪葬墓
高祖 李渊 1（618—626）	献陵	三原县北20千米荆原唐朱村①	贞观九年（635）	《唐会要》载25座；《长安志》载23座；乾隆《三原县志》载23座；本人实际调查为67座
太宗 李世民 2（626—649）	昭陵	礼泉县东北22.5千米九嵕山（1188米）	贞观十年（636）长孙皇后；贞观二十三年（649）唐太宗	《唐会要》载155座；《长安志》载166座；乾隆《礼泉县志》载203座；本人调查为167座
高宗 李治 3（649—683）武则天（690—705）	乾陵	乾县北门外6千米梁山（1047.9米）	文明元年（684）高宗；神龙二年（706）武则天	《唐会要》载16座；《长安志》载6座；《文献通考》载17座；光绪《乾州志稿》载4座；本人调查为17座
中宗 李显 4、6（683—684、705—710）	定陵	富平县北10千米凤凰山	景云元年（710）	《长安志》载6座；乾隆《富平县志》载6座；本人调查为17座
睿宗 李旦 5、8（684—690、710—712）	桥陵	蒲城县北15千米丰山	开元四年（716）	《长安志》载6座；《蒲城县志》载13座；本人调查为15座
玄宗 李隆基 9（712—756）	泰陵	蒲城县北17.5千米金粟山	广德元年（763）	《文献通考》载1座（高力士墓）；乾隆《蒲城县志》载1座

---

① 译者注：献陵位于今三原县徐木乡永合村西。

续表

墓主人（在位年）	陵名	地点	埋葬年及埋葬者	陪葬墓
肃宗 李亨 10（756—762）	建陵	礼泉县西北12.5千米武将山	广德元年（763）	《长安志》及《文献通考》载1座；乾隆《礼泉县志》载1座；本人调查为5座
代宗 李豫 11（762—779）	元陵	富平县西北15千米檀山	大历十四年（779）	
德宗 李适 12（779—805）	崇陵	泾阳县西北20千米嵯峨山	永贞元年（805）	本人调查为43座
顺宗 李诵 13（805）	丰陵	富平县东北17.5千米金瓮山	元和元年（806）	《新唐书·后妃列传》载庄宪皇后葬丰陵；本人调查为1座
宪宗 李纯 14（805—820）	景陵	蒲城县东北15千米金帜山	元和十五年（820）	《长安志》载1座；《唐会要》载4座；《文献通考》载4座；本人调查为1座
穆宗 李恒 15（820—824）	光陵	蒲城县北10千米尧山（1032米）	长庆四年（824）	《长安志》载2座；《唐会要》载2座；本人调查为53座
敬宗 李湛 16（824—826）	庄陵	三原县东北15千米太平丝胡村①	太和元年（827）	《长安志》载1座；《唐会要》载1座；本人调查未发现
文宗 李昂 17（826—840）	章陵	富平县西北10千米天乳山	开成五年（840）	乾隆《富平县志》载1座；本人调查未发现
武宗 李炎 18（840—846）	端陵	三原县东北15千米神泉丝腾张村②	会昌六年（846）	《新唐书·后妃列传》及《唐会要》载1座

① 译者注：唐庄陵位于今三原县东北15千米柴窑村东。
② 译者注：唐端陵位于今三原县徐木乡桃沟村东北。

续表

墓主人（在位年）	陵名	地点	埋葬年及埋葬者	陪葬墓
宣宗 李忱 19（846—859）	贞陵	泾阳县西北30千米仲山	咸通元年（860）	《唐会要》载1座，今不存
懿宗 李漼 20（859—873）	简陵	富平县西北35千米紫金山	乾符元年（874）	今不存
僖宗 李儇 21（873—888）	靖陵	乾县北7.5千米鸡子堆①	文德元年（888）	今不存

此后的一两年间，虽然又发生了大的叛乱，但均被李世民平定，在他手中，唐王朝真正确立了统治基业。太宗不仅自身文武双全，在识人方面也颇具慧眼，知人善任。他将现称为"少数民族"的维吾尔、藏、锡伯等族的首领及其子孙都纳入自己麾下，依靠他们的力量东征西讨，将现新疆维吾尔自治区所在的西域地区，即古丝绸之路上的龟兹、高昌、疏勒、于阗等四五个势力较大的国家，包括现今中国版图上最西端的地区，均纳入大唐版图。除西域地区外，李世民卓越的政治军事才能甚至还影响到东边的高句丽，他曾组织了多次军事行动亲征高句丽。与此同时，唐的势力范围还扩大到了南方。

不光重武，李世民还积极任用文臣，当时名噪一时的文人和艺术家都聚集在他的身边，后文谈及陪葬墓时会提到这些人的名字。可以说，在大批文臣武将的辅佐下，唐王朝的根基愈加巩固，李世民的功绩也由此彰显。

昭陵即李世民长眠之地。请看图5-3，这是昭陵附近陪葬墓的简图。昭陵以北岭九嵕山为墓穴，其标高1188米，整座山皆为陵域。尤其是

---

① 译者注：唐靖陵位于今乾县铁佛乡南陵村。

南侧，围绕山麓方圆60千米范围内都是墓区。陵域总面积2亿公亩（200万公顷），几乎相当于现在日本整个大阪市的面积，由此可见该陵墓规模之大。

这200万公顷的陵域中，点缀着诸多陪葬墓。前面表5-1中"太宗李世民昭陵"一栏的最右侧，写有陪葬墓的数量。《唐会要》中记载有155座；《长安志》中记载有166座；乾隆《礼泉县志》中记载有203座；1977年调查数量为167座。这167座昭陵陪葬墓群，在九嵕山南麓呈扇形散落。中国的陵墓规模不以封土高低论，而主要依据墓室的大小来判断。这些陪葬墓，即便外观仅为一座不起眼的小山，里面却都相当精美。它们都拥有长数十米甚至上百米的墓道及墓室（玄室），墓道两侧也都凿有小龛，玄室中都安置着雕刻精美的石椁，墓主人即葬于其中。墓道和墓室的墙壁上，还绘满了壁画。

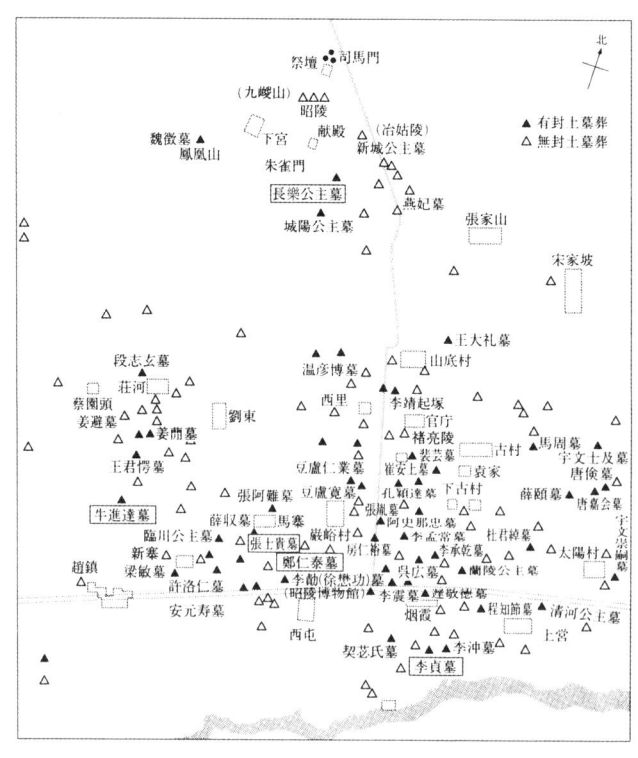

图 5-3 昭陵附近陪葬墓略图

表 5-1 "唐十八陵一览表"中记载的陪葬墓，其数量根据统计年份有所不同，记载昭陵陪葬墓最多的是《礼泉县志》，有 203 座，还有的史料甚至记载为 205 座。1977 年调查时确定为 167 座；1991 年出版的某书中记载为 185 座。目前可明确的数量为 185 座。毫无疑问，总体大约应在 200 座。笔者当时略作学习即判断为 167 座，中国文献记载中也有种种误差。因此，笔者贸然下结论实在应当惭愧，但转念想，或许一个约略的数字反而更为妥当。对于其他数据，也不应轻易判断其正误，而应该以中国式的包容之心去看待。

目前，昭陵有 185 座庞大的陪葬墓群。在十八陵中，昭陵的陪葬墓数量尤为众多。那是缘于太宗在位期间确立的一种陪葬制度，即无论身份地位，只要正式提出陪葬申请，都可以在皇帝的陵域中建墓。昭陵陪葬墓中，现已确认姓名身份的有王墓 7 座、公主（皇女）墓 21 座、嫔妃墓 8 座、宰相大臣墓 13 座、文武功臣墓 64 座，其他身份更低的有 53 座，共计 166 座。这是 1977 年的数字，若加上其后的发现，数量会更多，但姑且暂以此数字为准吧。

文武功臣中，如前"陪葬墓略图"中所示，首先是李勣（徐懋功）墓（位于现昭陵博物馆内）。这次展出的"三梁进德冠"，据说就是由李勣设计的。李勣是一位非常卓越的武将，与李靖齐名，属隋末群雄之一，曾与李渊、李世民对抗，后来臣服于李世民，被收为家臣。陪葬的人中还有虞世南、欧阳询，以及褚遂良之父褚亮等书法名家。李世民自身酷爱书法，他对几百年前的王羲之情有独钟，《兰亭集序》真迹就极有可能与李世民同埋于昭陵地下。若传闻为真，即便碎片的出土都必将引起巨大轰动。想必这样的奇迹应该不可能发生，因为即使没有被盗，真迹也早化为灰土了。除却《兰亭集序》，王羲之的书法作品据说大都陪葬在李世民身边。

陪葬墓中有许多被太宗吸纳为家臣的诸民族首领（王）之墓。如鲜卑族人宇文崇嗣、突厥王之后阿史那忠等（"阿史那"是突厥姓氏）。还有一座契苾氏墓，说起"契苾"，会想到著名的铁勒族首领"契苾何力"，墓主人正是这位首领之女。"尉迟"是于阗国王的姓氏，故陪葬的尉迟敬德应该是于阗王室家族之人。这些周边民族出身的人早年跟随李世民建功立业，身后都获得了陪葬昭陵的荣耀。

以上，便是有关昭陵的概况。下面将重点介绍昭陵陪葬墓中新近发掘的两座，一座是九嵕山山顶附近的长乐公主墓，一座是1991年在离昭陵玄宫更近之处发现的韦贵妃墓。这两座墓中都保存着完整的壁画，现在也只有这两座作为壁画墓面向公众开放。到达此处需要先乘车十多分钟到九嵕山半山腰，再步行攀登1000米左右，所以鲜有游客到此。而因其保存着完整的精美壁画，所以，笔者极力建议有机会去西安旅游的人能到此处观光。

在谈及长乐公主和韦贵妃墓时，常用"壁画墓"一词。何为"壁画墓"？笔者将在下面作以简要介绍。壁画墓，顾名思义，即有壁画之墓。中国古代，在墓室墙壁上作画的习俗流行于汉代。初期题材多为历史故事。隋唐时期流行色彩浓烈的四神图、星宿图以及描绘墓主人生前日常生活情形的壁画，形式多样。昭陵、乾陵等唐十八陵的陪葬墓，几乎所有的墓道墓室都绘有彩色壁画。当时，人们确信存在冥界，而墓室即亡后的一个世界。墓中的壁画以及日常生活用品等随葬品，都是构成这死后小世界的种种道具。

日本也有壁画墓，如高松冢古坟，很显然是直接受唐代壁画墓影响的产物。高松冢古坟之前，也有所谓装饰古坟中的古坟壁画，但那与唐代壁画墓毫无关联。

高宗与武则天的合葬墓——乾陵概要

上文就第二代皇帝李世民的昭陵陪葬墓进行了说明。乾陵是第三代皇帝高宗李治和妻子武则天皇后的合葬墓。

乾陵是十八陵中最西端的一座，其所在的梁山，高1047.9米，略低于九嵕山，但也是以整座梁山为陵寝。乾陵是唐十八陵中唯一没有被盗的陵墓。1958年至1960年，陕西省文物管理委员会组织对乾陵进行了勘察。因为，据欧阳修编纂的《新五代史·温韬传》中记载，温韬盗挖了所有唐十八陵，唯有乾陵，因遭遇风雨受阻而得以幸免。而此次调查就是为了证实欧阳修所书是否属实。墓道入口在梁山正面略偏东的半山腰上，发现时用砖封着。砖块层层堆积，应该是为了防止坍塌、加固墓道。砖块之间凿有圆孔，里面灌铁水加固。密封墓道口所用的砖保持得如此完好，说明它从未遭到过破坏。因此可以断定，乾陵正如史料所载从未遭到过盗掘。

这一带的山，地质结构为石灰岩。昭陵的墓道、玄室长250米，而乾陵未经发掘，所以不知其详情。但可以想象，墓室内的随葬品中一定有西域的珍禽异兽和许多中国本土所没有的珍贵宝物。秦始皇陵兵马俑的发现，曾经引起了巨大的轰动，而乾陵若经发掘，文物质量想必一定远在秦始皇陵之上。即便是埃及的金字塔，也很难有保存完整而未经盗掘的随葬品。乾陵中的文物，至少相当于一座金字塔，或许还会有世界级的珍贵文物出现。对乾陵进行发掘，自中华人民共和国成立至今，曾数次被提起，但笔者认为目前时机尚不成熟。如此规模巨大、内容丰富的墓葬，一旦开掘，非但完成时间不可预知，也缺乏足够的技术保障出土文物能够保存完好。当准备工作就绪——或许我们的儿子辈、孙子辈……第五代乃至后辈才能有幸看到那些文物。总之，我们这代人也许没有参观乾陵玄宫内部的机会了。

乾陵也有陪葬墓。首先是章怀太子墓，章怀太子李贤是高宗和武则天的儿子，中宗李显的兄弟。此外，还有永泰公主（李仙蕙）墓和懿德太子（李重润）墓，他们是中宗的后代，武则天和高宗的孙子。武则天是一位非常强势的女人，不合她心意的人会被立即杀掉。章怀太子22岁被立为太子，27岁被废，31岁被逼自尽，这完全是武则天的安排；永泰公主虽贵为皇女，但却被毒杀；懿德太子据史书记载是被"杖毙"，时间大约与永泰公主被害的时间相同。武则天身边的亲人——儿子、孙子但凡被认为不成器或不合她的心意，就会被处死，而后武则天却又会大发慈悲，将其葬于其父母或祖父母附近，陪葬乾陵。故章怀太子、永泰公主、懿德太子墓均在乾陵附近。

乾陵共有17座陪葬墓，现在永泰公主墓作为乾陵博物馆，允许游客进入墓室中参观。

上文介绍了昭陵和乾陵,其实在关中十八陵中,目前公开的也只有这两处。日本人比较关注的,还有最东端的泰陵(玄宗皇帝陵)、西安以北三原县的唐高祖李渊献陵等。

昭陵、乾陵的壁画解说

北岭山峰,每一座都是皇帝陵。太宗李世民的九嵕山、高宗的梁山、中宗的凤凰山、睿宗桥陵的丰山、泰陵的金粟山等,皆为海拔1000米上下的山陵。唐第十二代皇帝德宗崇陵(泾阳县)所在的嵯峨山,就是日本京都地名"嵯峨"的来源地。

谈及壁画,日本20年前发现高松冢古坟壁画时,媒体称之为"本世纪最大的发现",实际那些壁画中的人物,大小不足40厘米,比起昭陵、乾陵等唐墓壁画,特别是"壁画墓"中的人物要小很多。中国唐代的壁画,人物都与真人等高,而且线条遒劲,日本高松冢古坟中壁画的规模完全不能与之相比拟。或许高松冢古坟壁画,是由东渡而来的画工仿照中国的原壁画一丝不苟地完成,原画的笔触应该更加自由而雄劲。现在,陕西历史博物馆内,为剥离下来的壁画专门设有展厅,其中保存有约1000平方米的壁画。这大概占了全中国壁画数量的六七成之多。文后附有章怀太子墓和永泰公主墓的壁画,仅供欣赏。

唐代的陵墓,如前文所介绍的昭陵,每一座陪葬墓前都立有碑文,墓室内均有墓志。昭陵,截至目前所发现的这类文物已达几十种之多,集中在一处,称之为"昭陵碑林"。西安城内有座著名的"碑林博物馆","碑林"这一名称大概来源于此。昭陵碑林中也保存有非常珍贵的文物,包括酷爱王羲之的唐太宗所书写的诸多书法作品。探索中国唐代在书画方面与日本奈良、平安时代的文化渊源,也是我研究这些墓葬的重要目的之一。这次展览本身是以探寻平安京的起源唐文化为主题。因此,探究唐代艺术文化与奈良、平安时代艺术文化之间的渊源,也显得尤为必要。这正是日本对唐代陵墓研究的重大意义所在。

附：昭陵、乾陵陪葬墓图录

① 昭陵博物馆。位于九嵕山下陪葬墓群之中，博物馆周围，由山麓至半山腰散落着现已确认的185座陪葬墓，陪葬墓甚至建在距离皇帝长眠的玄宫附近。

博物馆入口正对着的是武将李勣（徐懋功）之墓。此人曾数次远征西域，战功卓著，坟丘为三山相连式。同样的坟丘形式初见于汉武帝时期的霍去病墓，李勣墓以及名相李靖墓都继承了该形式，三山相连式坟丘的主人多半应该是在西域立过战功。

② 李勣墓正面。该墓位于昭陵博物馆的中央。

③ 登李勣墓眺望北边的九嵕山。正中高耸的即九嵕山，山麓散落着许多土丘，即陪葬墓。

④ 去往九嵕山山顶长乐公主墓的途中。

⑤ 由九嵕山山顶附近向南眺望。

⑥ 长乐公主墓。她是李世民极疼爱的一个女儿,所以,安葬在距离玄宫很近的山顶附近。她13岁出嫁,10年后因疾病突然离世。

⑦ 长乐公主墓的墓道,向斜下方延伸至玄室,先是"第一过道",其入口正面绘有建筑壁画。唐代建筑几乎没有遗留至今的,绘画遗存中也很少见,大雁塔是西安为数不多的现存唐代砖结构建筑之一,大雁塔一角的线刻佛殿画,曾被誉为研究唐代建筑的最好资料。而最近,频频有涉及唐代建筑的壁画出土,唐代建筑的复原研究因此有了长足进展。

⑧ 画中的建筑有鸱尾，但上面线条所表示的含义尚不得而知。大阪难波宫遗址发现的鸱尾残件，头部有许多孔，原本这些孔的作用并不为人所知，而长期研究难波宫遗址的中尾芳治表示，长乐公主墓的这幅壁画，帮助他解决了多年悬而未决的问题。中尾最近出版的《难波宫研究》（1995年3月，吉川弘文馆）中收录有这幅照片。

⑨ 屋脊两端鸱尾部分扩大图。

⑩ 怪兽背上驮着船航海的壁画，精美绝伦，此题材在唐墓壁画中极为罕见。

⑪ 玄室墙面上绘制的舞乐女子壁画。是先以墨线绘制轮廓，再施以色彩，墨线痕迹隐约可见。

⑫ 韦贵妃墓。由下至上共有100级左右的台阶，进墓道要先登至坟丘顶端。

⑬ 韦贵妃墓前的石碑，完全看不到文字。

⑭ 上图石碑侧面的忍冬唐草纹线刻。

⑮ 由韦贵妃墓顶向下眺望。右上方有座小丘，那便是长乐公主墓。

⑯ 韦贵妃墓过道正面墙上的建筑壁画。所绘建筑典雅细致，线条柔和。

⑰ 韦贵妃墓中的西域人物御马壁画，此类题材未见于其他墓葬中，十分珍贵。西域人一般会在富贵人家做马丁或仆人，他们原本就擅长驯马，当马丁也是发挥自己的一技之长。画面上的人物抱着马的脖子，构图非常有趣。

⑱ 第三代皇帝高宗李治与武则天的合葬墓——唐十八陵中唯一未遭到盗掘的乾陵。玄宫所在的梁山，正面看起来呈规整的圆锥形，然而绕到其背面便会发现，其形状并不规则平整。正面墓道两侧排列着文武百官、西域的骆驼和鸵鸟、背上插着双翼的天马等各种珍禽异兽的石雕。画面右侧是一排贩卖当地土特产的女性。

⑲ 由乾陵墓道入口向南眺望。南边有两座像乳房一样的小山，当地人称"奶头山"，上有用砖砌成的门阙。

⑳ 乾陵正面的狮子雕像，或许应该算唐代石雕中最精美的。陕西历史博物馆门厅内摆放着顺陵石狮子的复原雕像，然而并不如乾陵的精美。

㉑ 乾陵墓道入口附近的61尊石人，排列在左右两侧。皇帝葬礼时有周边各国使者前来吊唁，这些人像就是模仿吊唁时的场景而设。不知为何，这些人像都没有头部，人像背部都刻有国名，有的现在还依稀可辨。

㉒ 乾陵陪葬墓之一章怀太子李贤墓，就在永泰公主墓所在的乾陵博物馆围墙外。

㉓ 章怀太子墓壁画之围猎图，画面中也有骆驼。

㉔ 这幅也是章怀太子墓里的壁画，绘有唐朝官员和来自蒙古、吐蕃的吊唁使节。其中一位使节以前被认为是日本人，但现在被认为是新罗使者，因为他的冠上装饰有雉翎。

㉕ 章怀太子墓壁画之一。与此题材相同的壁画很多，鸟的形象很常见。

㉖ 永泰公主墓坟丘及墓道上所建的覆盖物。

㉗ 永泰公主墓的墓道入口。墙壁左右分别绘有青龙、白虎。

㉘ 永泰公主墓墓道两侧的壁龛，里面摆满了三彩陶俑。

㉙ 永泰公主墓墓道的尽头为玄室，摆放着雕刻精美的石椁，公主当时即葬在其中。

㉚ 永泰公主墓壁画之一。与日本高松冢古坟壁画相比，这里的女官们形象生动，显示出唐墓壁画高超的创作水准。

唐代长安的石刻

——其社会、政治背景

砾波护

关于石碑、墓志的研究

本章的标题是"唐代长安的石刻"。此题目似有些名不副实的意味。之所以这么说,是因为笔者专攻"东洋史",与美术史及考古学专家思路有所不同。石刻,涵盖所有刻在石头上的图形文字,也包括佛造像,但笔者并不擅长纹饰、造型等美术学领域,故仅对"大唐长安展"石刻展品上的文字记载,作以简要概述。

在中国传统学科分类中,石刻属于"金石学",即研究雕刻在金属或石头上的文字或图饰。这里的"金"多指青铜铭文,而并非金银器。研究青铜铭文等的"金石学"传统由来已久,宋代开始逐步形成体系。特别是关于石刻铭文的研究和基于拓本的考证,专著层出不穷。

本文题目虽为"石刻",但因与中国学术体系有差异,文中也涉及刻在金属上的铭文。同时,本次展品中有许多真正的金银器具,秀逸精美,而非青铜器。这些金银器上的铭文,对于了解唐代历史弥足珍贵,在此一并作以介绍,也可为观赏金银器提供部分参考。

一般书法爱好者,或研究书法美术史的专家,最为关心的莫过于石刻及金银器上铭文的书写者。在介绍本次展会的展品图录中，笔者也对铭文书写者、铭文的书法之美，及其所承袭的传统作了说明。但本文的重点并非书写者，而是其内容的作者。例如论及石碑或墓志时，文章会对当时的社会、政治背景进行更详尽的说明。因此，虽然同为评鉴"石刻"，本文恐无法满足书法爱好者们的期许，还望诸位谅解。

以下，首先对长安图碑残片作以说明；其次对所展石刻所涉及的儒家、道家经典做详细比较，论述银铤、金银器以及著名的柳公权《玄秘塔碑》相关背景资料；再者，考证唐太宗第八子越王李贞与日本京都之间有何渊源。

长安图碑与都城建造理念

本次"大唐长安展"中新策划展出的项目，其中之一是运用计算机技术复原出的长安城影像。此影像据学界积累的大量资料，运用最先进技术，完整地复原了唐长安城的面貌。其资料原型即"长安图碑拓本"（图6-1）和"兴庆宫图碑拓本"（图6-2）。

图6-1　长安图碑拓本（西安碑林博物馆）

拓本的原碑即两块长安图碑残片,现存于西安碑林博物馆。该拓本系首次在日本公开展出。石刻长安图碑,乃宋代吕大防所立,碑上细致地刻画了唐开元二十年(732)都城长安的景象。石碑原立于京兆府公署前,后因战乱被毁,13世纪末不知所踪,后又有过残碑出土的记录。日本人士前田直典,曾收藏过这些残碑的拓本,可惜二战期间亦毁于战火。目前仅存的只有西安碑林博物馆所藏的两个残片,其出土于1934年。本次展出的"长安图碑拓本"和"兴庆宫图碑拓本",即这两块残片的拓片。前者所绘为太极宫西南一带区域,后者乃兴庆宫附近区域。下文将对"长安城图碑"作以简介。

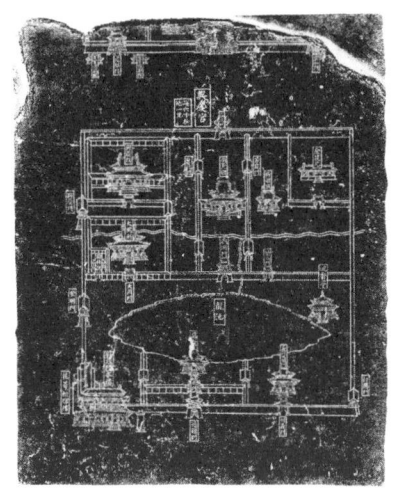

图6-2 兴庆宫图碑拓本(西安碑林博物馆)

"长安图碑"亦称为"唐太极宫残图"。平冈武夫《唐代的长安与洛阳(地图篇)》(京都大学人文科学研究所,1956年)中,有一张根据此次展出的拓本和前田旧藏拓本照片复合而成的复原图,如图6-3所示。根据本书"唐长安图",位于长安城北端中央的宫城,由三个区域组成,中间是皇帝居住的太极宫,其东侧是太子居住的东宫,西侧是后妃居住的掖庭宫,东宫和掖庭宫的面积相当。据"长安图碑"等所绘"宫城附近图"(图6-3),太极宫与东宫结构布局相差无异,西侧掖庭宫则完全不同。掖庭宫面积仅占该图南侧三分之一左右，北边三分之二为太仓。从图中的建筑式样看，有官府、寺院（因标注了寺院名），而太仓屋顶统一建有通风的"气楼"，所以，应是专门用于贮藏谷物的仓库。

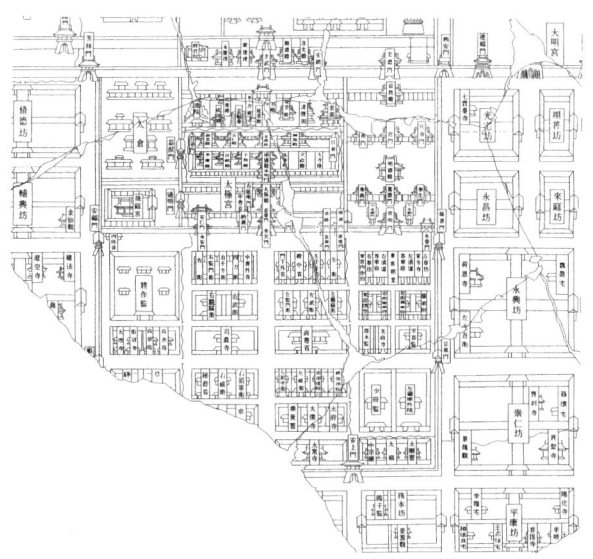

图6-3　宫城附近图（京都大学人文科学研究所）

石刻图中，宫城的结构布局反映了怎样的理念？关于这一点，笔者曾在拙著《中国都城的思想》（日本的古代丛书《都城的生态》，中央公论社，1987年）一文中有所阐述。例如，要解释中国都城的建造理念，必须考虑阴阳学说。朝廷和市集，分别象征对国家存亡最为重要的政治和经济中枢，应分别由皇帝和皇后主宰，即市集和朝廷分别对应着阴和阳。此理念也传到了日本，据说奈良时代圣武天皇的皇后光明子，立后之前曾在西市传授度量衡的使用方法。这说明日本当时也采用男主政治、女主经济的模式。

都城建造理念中还有一条，即都内建筑都要左右（东西）对称。正因为如此，过去人们才理所当然地认为东宫与掖庭宫在面积布局上也应该左右对称。那么，如石刻图中所绘，太仓所占掖庭宫北两倍面积的区域，又该作何解释？笔者认为，"太仓"即"市"，皇后主宰"市"，因此也主宰"太仓"。笔者作出此判断所依据的，正是此石刻图。

长安——绚烂的唐都

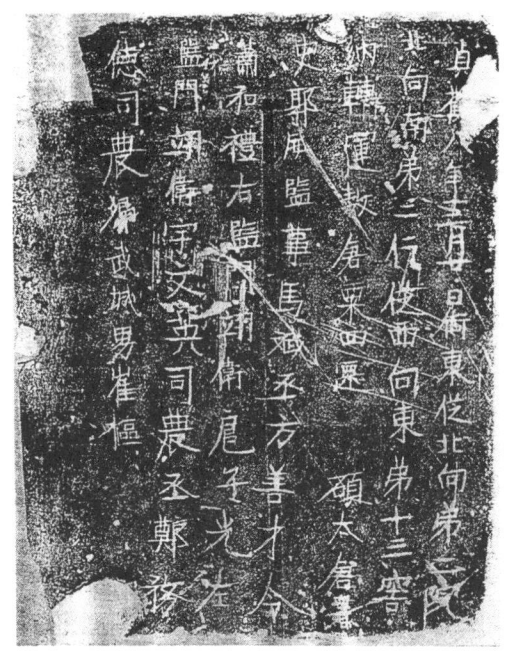

图 6-4　铭砖拓本（京都大学文学部）

关于唐都米仓即"太仓"的位置，可参考 1969 年年末考古发掘的副都洛阳米仓"含嘉仓"的情况。含嘉仓出土了带铭文的"铭砖（瓦）"，记载着武则天时期收自苏州的租米数量、收租年月日以及相关官署官员的官职、姓名。那么，长安太仓情况如何？京都大学文学部东洋史研究室藏有相传为太仓遗址出土的铭砖拓本（图 6-4），其上所注日期为"贞观八年十二月二十日"。此枚铭砖并非由考古发现，而是经清末著名收藏家端方之手的传世之品，因此不能确定其出土地点。但一般认为可能出自掖庭宫北。

碑林珍藏之宝——《开成石经》与科举制度

本次"大唐长安展"中有一个展室，陈列着巨大的石刻拓本。步入展室，参观者仿佛置身于浩瀚、艰涩的汉字世界之中。伫立其中，也许会获得巨大的满足感,也许会感到茫然若失。这众多的拓本当中,笔者首先对刻有儒家经典《论语》的"《开成石经》拓本"(图6-5)予以介绍。

中国将儒家经典的标准文本刻在石碑之上,最早见于东汉熹平年间立于都城洛阳太学门外的石经。《开成石经》是一组巨大的石碑群,完成于唐文宗开成二年(837),耗时5年刻成。当时立于都城长安最高学府国子监,北宋元祐五年(1090)移至现在的碑林博物馆。

值得一提的是,唐长安城宫城南侧的皇城,乃政府机关所在地。总管文书等行政事务的尚书省六部,即位于皇城的中心区域,六部之中主管文教的礼部也在此区域。只有最高学府国子学以及管辖太学等机构的国子监,不在皇城之内,而是设在与安上门仅一街之隔的务本坊一隅。

《开成石经》刻有儒家十二部经典全文。据《西安碑林书法艺术》(陕西人民美术出版社,1983年)介绍,每面石碑高216厘米,宽83到99厘米不等,计114面石碑。且石碑正反两面均刻有经文,其中仅一块只有正面刻文,故共计227面。此次展出了其中一面石碑的拓本。

如此大规模的石碑如何问诸于世?当时由于印刷术尚未普及,为了给录取官员举行的科举考试提供"标准教材",比较

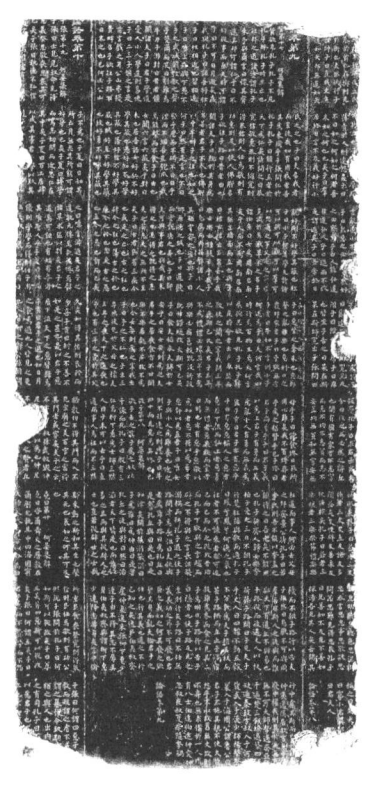

图6-5 《开成石经》拓本
(西安碑林博物馆)

理想的办法就是将经典刻在石碑之上。关于中国儒家经典石刻,可参考1930年燕京大学国学研究所出版的张国淦撰《历代石经考》,书中对《开成石经》也进行了详尽的论述,下文也将参考其研究成果。

《开成石经》是用楷书刻写的十二部儒家经典。各部经典的石碑数量

分别为:《周易(易经)》9 面、《尚书(书经)》10 面、《毛诗(诗经)》15 面、《周礼》18 面、《仪礼》20 面、《礼记》33 面、《春秋左氏传》69 面、《春秋公羊传》17 面、《春秋榖梁传》16 面、《孝经》1 面、《论语》7 面、《尔雅》4 面,以上 12 种共计 217 面。此外还有说文解字的《五经文字》8 面、《九经字样》1 面以及相关文书 1 面,与上述经典合计,共 227 面。每一面上的经文分 8 段刻写,每行平均 10 个字。

"九经"的卷数及字数列举如下,仅供参考。

《周易》	9 卷	24427 字
《尚书》	13 卷	27134 字
《毛诗》	20 卷	48408 字
《周礼》	12 卷	49516 字
《仪礼》	17 卷	57111 字
《礼记》	20 卷	98994 字
《春秋左氏传》	30 卷	198945 字
《春秋公羊传》	11 卷	44748 字
《春秋榖梁传》	12 卷	42085 字

"九经"之外的 3 部为:

《孝经》	1 卷	2113 字
《论语》	10 卷	16595 字
《尔雅》	3 卷	10791 字

除以上 12 部经典之外,还有两部有关文字的书籍:

| 《五经文字》 | 3 卷 | 3235 字 |
| 《九经字样》 | 1 卷 | 422 字 |

另外,加之敕状等相关文书,《开成石经》总字数应为 650252 字。

本次展出的拓本,是《论语》第九卷的《阳货》和《微子》两篇。篇名下方都刻有"何晏集解"字样,说明当时科举考试所使用的《论语》文本,为何晏的集解本。同为《论语》,若弄错了文本,可能将无法考中。

笔者曾带学生参观展览,当看到"子曰,巧言令色,鲜矣仁"一句时，学生们兴奋地喊了起来，因为他们曾在课本上学过这一节。但实际上这一句是由后人补刻上去的，因为有的文本是在"子曰，恶紫之夺朱也，恶郑声之乱雅乐也"这句之前，加有《学而》篇中"子曰，巧言令色，鲜矣仁"这句。故为后来不知何时补刻进了此句。在此需要强调的是，如何分辨石刻文本属于原刻还是补刻？依本次拓本来看，较容易区分，补刻的痕迹和笔迹一目了然。但如果原文经过抄写或印刷，补刻部分就会与原文完全融为一体，识别起来相当困难，研究者们对于类似情况感觉非常棘手。

《开成石经》所刻的儒家经典，是参加科考之人所必须背诵的内容。他们最为关心的是这些经典的长短及难易程度。下面笔者将通过《大唐六典》卷四《尚书礼部》之内容，对唐代的科举制度略作说明。首先，需要提到的是，《大唐六典》的最佳文本是"近卫家本"。本次展品中许多均来自近卫家的"阳明文库"，江户时代中期的太政大臣近卫家熙（1667—1736）退隐之后，耗毕生之精力收集出版了《大唐六典》三十卷，即近卫家本，其版模仍旧保存着。近卫家本《大唐六典》诞生在京都加茂川之畔。目前，全世界研究中国学的专家及学生均在使用。这从另一方面有力地说明，江户时代京都有识之士，均热衷于唐代政治的学习与研究。

下文将通过《大唐六典·尚书礼部》简要说明唐代的科举制度。礼部是尚书省六部之一，主管文教等文书事务，相当于现在日本的"文部省"，负责天下的礼仪、祭祀、宴飨和贡举等政令的颁布。礼部司之外还有祀部司、膳部司、主客司等三个分部，祀部司分管天文、祭日、医药、宗教等事务，膳部司负责宴会事务，主客司负责接待外国宾客。贡举考试，由礼部侍郎直接管辖，每年仲冬即农历十一月，由上计使带领考生上京参加考试。所谓上计使即地方派来的"会计报告"使臣，每年皆会带领优秀举子进京考试。"科举"一词始于隋代，但唐代的正式名称为"贡举"。"贡"即进贡之意，也许有人认为人非物，怎么可以"贡"呢？但用于形容地方向中央输送国家所需的优秀人才，此词使用当视为合理。

贡举即科举考试，共分为六类。第一类为秀才科，考试形式为"方略策",要求完成五篇小论文。因为此科考试难度很大,几乎无人能考中,因此不久即被取消。第二类为明经科,取精通儒家经典之士。第三类为进士科,取具文才之士①。一般所谓的唐代科举,即指上述这三科。但此外还有三科,旨在选拔精通某种具体业务之人才,即明法科、明书科和明算科,分别选拔精通法律、楷书和计算之士②。

唐代到了后半期,偏重于进士科,注重选拔具有文学才能之人。因为,当时人们认为明经科只需要死背经典便能够通过。实际上唐代科举原本偏重于明经科。如前所述,《开成石经》所刻12部经书中的9部为"正经",称其为"九经"。而其中的《周礼》《仪礼》《礼记》合称为"礼",《春秋左氏传》《春秋公羊传》《春秋穀梁传》合称为"春秋",亦有人将其与《易经》《书经》《诗经》合称为"五经"。

如前文所列举"九经"的卷数及字数,其篇幅有长有短。因此,又将长篇的《礼记》和《春秋左氏传》称为"大经",将中篇的《毛诗》《周礼》《仪礼》称为"中经",将分量较小的《周易》《尚书》《春秋公羊传》《春秋穀梁传》称为"小经"。此外,虽然都是明经科,但还分为难度较低的"通二经""通三经"和难度较高的"通五经"等几个等级,难易程度不同,中举者的官职待遇自然也就各异。

但无论考何种等级,经书皆可自主选择。若选考明经科"通二经",可选一部大经加一部小经,或两部中经;若考明经科"通三经",可选大、中、小经各一部;最难的明经科"通五经",则要求必须精通两部大经。以上是选修科目,另外还有《孝经》《论语》以及含注释的《老子》等必修科目。明经科的考试方式,首先是"帖经",即空出部分经文语句,让考生填空,考生必须答对六成才算及格;另外还有"口试",取擅长文理之士。

---

① 译者注:据《大唐六典》记载,进士科取考试内容有经书、杂文、时务政策等,不仅需要文才出众,也要有治国理政的才能。

② 译者注:据《大唐六典》记载,明书科内容不单指楷书书法,包括文字训诂学、书法,还有口试内容。

考进士科，也要先过"帖经"关。能够背诵一部小经和加注的《老子》，方可进入诗文知识测试。至玄宗治世中期，进士科的社会地位提高，"帖经"更是由背诵小经一部改为背诵大经一部。总之，对于想要考取功名的科场举子们来讲，《开成石经》乃极为重要的参考资料。

现在的碑林博物馆，最初即为藏于此地的《开成石经》而修建。碑林第一展厅即《开成石经》的陈列室，入口处陈列有玄宗御注、御书的《石台孝经》。建在高台之上的这尊方柱形石碑，四面刻有整部《孝经》，本次展览展出了其中第一面碑的拓本。如前文所述，《孝经》和《论语》是科举明经科的必修科目，本次展出的即为这两部经典的拓本，参观者们可据此想象唐代学子发奋学习的情景。

中国在石碑、摩崖上刻写儒家经籍，始于东汉用隶书刻成的《熹平石经》；接着有北魏以古体、篆书、隶书三种书体刻成的《正始石经》。这两部石经均立于都城洛阳的最高学府太学之内。第三部唐《开成石经》，则立于都城长安的最高学府国子学及太学内。也就是说，儒家经典的标准文本公示在都城中最吸引公众注目的位置，方便知识分子抄写阅读。

唐长安城亦被认为是一个宗教之都。因为，城内有大兴善寺、大慈恩寺等众多佛寺，还有玄都观等道观。儒家和中国土生土长的道教，均未受到过国家的压制，而佛教则遭受过厄运，例如魏武帝和北周武帝时期的灭佛运动。所以，同为刻成的石经，佛教经典则不可能被竖立在大庭广众之下。

再者，儒家经典总共只有 12 部 159 卷。而佛教经典，如玄宗开元年间编纂的《大藏经》，数量为 5048 卷，佛教仅《大藏经》就有 5000 卷之多。特别是 6 世纪末，进入佛教徒所认为的末法时代，为了应对国家的镇压或者灭佛活动，使得经典免遭破坏、烧毁，他们选择在荒无人烟的深山里刻写石经，以期经世流传。中国佛教徒完成的石刻佛经中有《泰山石经》，其位于山东泰山"经石峪"峡谷河道平坦的岩石上，用 50 厘米见方的巨大字体刻写了《金刚经》。但最具代表性的，还要属北京西南郊外出土的《房山石经》，佛教徒们从 7 世纪初隋代开始刻写，经唐、辽、金、元，历时1000余年才完成了石刻的《大藏经》。想必各位均参观过几年前在佛教大学四条中心举办的"中国《房山石经》拓本展"。房山地下石室，迄今已出土高160厘米、宽80厘米的石经达15000块。经文刻于石板正反两面，仔细对照，其形制与儒家的《开成石经》非常相似，只不过这些佛教石经是被隐藏在避人耳目的地下。

图6-6为地宫入口处石碑拓本，其刻有唐贞观八年（634）纪年题记。原石断为两截，一方藏于旅顺博物馆，另一方出土于房山当地。将两方拼接，可见石碑上写有"今于此山镌凿《华严经》一部，永留石室，劫火不焚，使千载之下，惠灯常照"字样；其最后一部分是"此经为未来佛法难时，拟充经本，世若有经，愿勿辄开"。

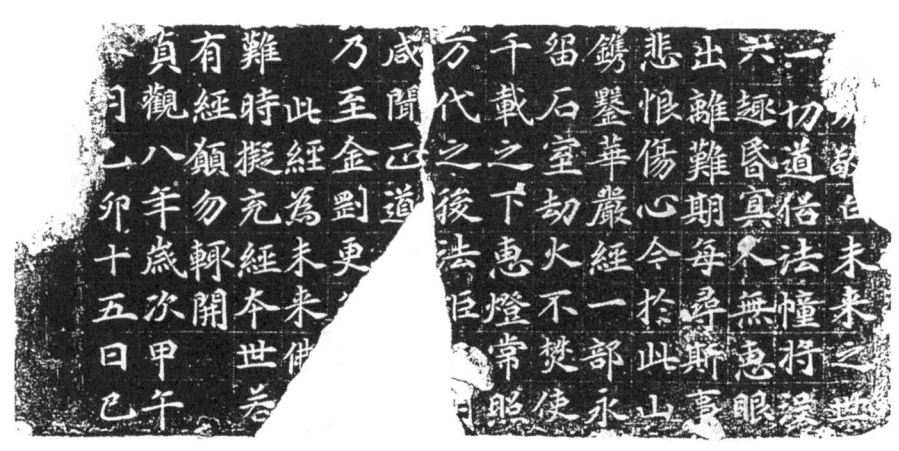

图6-6　贞观八年题记拓本（中国佛教协会）

类似的石刻经典，儒家石刻可以建在受众人瞩目之地，而佛教的却要藏于无人之地以避法难。由此可见，石经研究中不仅需要关注存于地上之物，也必须注意那些特意为避人耳目，深埋于地下之物。

作为贡品的银铤、金银器

下面，将对金银器上的铭文作以介绍。首先要介绍的是天宝年间的

"信安郡税山"银铤(图6-7),它是一枚两面均刻有铭文的银条。

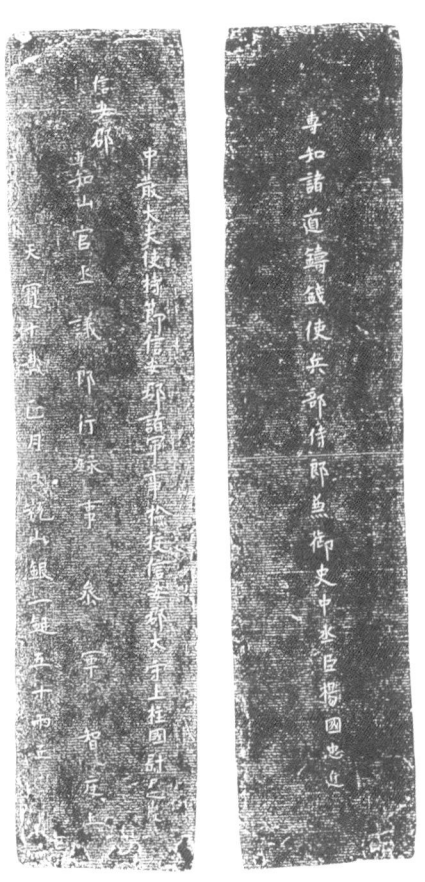

图6-7 天宝"信安郡税山"银铤(陕西历史博物馆)

银铤正面的铭文为:

专知诸道铸钱使兵部侍郎兼御史中丞臣杨国忠进

背面有三行铭文:

中散大夫使持节信安郡诸军事检校信安郡太守上柱国尉迟岩

信安郡专知山官、丞议郎行录事参军智庭上

天宝十载 正月 日、税山银一铤、五十两、匠

背面铭文的最后一个字,有人解作"正",但笔者认为当作"匠"。虽

然区分了银铤的正反面，但实际上哪一面为正面并无明确结论。总之，此枚银铤是天宝十载（751）正月江南道信安郡向中央政府送交的税金。当时，正值玄宗宠妃杨玉环的哥哥杨国忠兼任"专知诸道铸钱使"一职，他利用特权，将刚刚交到官府的银铤献于玄宗皇帝，以博恩宠。也就是说，这枚银条本来是作为税山银铤上交给官府的公物，却被杨国忠为了私利而直接拿去行贿。

本次展出的金银器，着实让人眼花缭乱。接下来，介绍裴肃进献的"鎏金双凤银盘"。其出土于唐大明宫西夹城外，直径达55厘米，宝相花双凤六花形①，非常漂亮。银盘底部有两行铭文（图6-8）：

浙东道都团练观察处置等使

大中大夫越州刺史御史大夫上柱国赐紫金鱼袋臣裴肃进

这枚鎏金银盘，是公元800年前

图6-8　鎏金双凤银盘铭文
（陕西历史博物馆）

后，江南越州刺史"浙东观察使"裴肃进献给德宗皇帝的贡品。上文介绍的银铤，是玄宗治世末年、安禄山叛乱即将发生之际，由杨国忠所进献。这些进献给皇帝的银铤或金银器，在唐代300年社会经济变迁中具有怎样的意义？《旧唐书·食货志》序文或许能为我们提供一个很好的解释，其大致内容如下：

---

① 译者注："鎏金双凤银盘"为六曲葵花形。

高祖发迹太原，因晋阳宫留守库物，以供军用。既平京城，先封府库，赏赐给用，皆有节制，征敛赋役，务在宽简，未及逾年，遂成帝业。其后掌财赋者，世有人焉。开元已前，事归尚书省，开元已后，权移他官。由是有转运使、租庸使、盐铁使、度支盐铁转运使、常平铸钱盐铁使、租庸青苗使、水陆运盐铁租庸使、两税使，随事立名，沿革不一。设官分职，选贤任能，得其人则有益于国家，非其才则贻患于黎庶，此又不可不知也。如裴耀卿、刘晏、李巽数君子，便时利物，富国安民，足为世法者也。

开元中，有御史宇文融献策，括籍外剩田、色役伪滥，及逃户许归首，免五年征赋。每丁量税一千五百钱，置摄御史，分路检括隐审。得户八十余万，田亦称是，得钱数百万贯，玄宗以为能，数年间拔为御史中丞、户部侍郎。融又画策开河北王莽河，溉田数千顷，以营稻田，事未果而融败。时又杨崇礼为太府卿，清严善勾剥，分寸锱铢，躬亲不厌。转输纳欠，折估渍损，必令征送。天下州县征财帛，四时不止。及老病致仕，以其子慎矜为御史，专知太府出纳。其弟慎名又专知京仓，皆以苛刻害人，承主恩而征责。又有韦坚，规宇文融、杨慎矜之迹，乃请于江淮转运租米，取州县义仓粟，转市轻货，差富户押船，若迟留损坏，皆征船户。关中漕渠，凿广运潭以挽山东之粟，岁四百万石。帝以为能，又至贵盛。又王𫟖进计，奋身自为户口色役使，征剥财货，每岁进钱百亿，宝货称是。云非正额租庸，便入百宝大盈库，以供人主宴私赏赐之用。玄宗日益眷之，数年间亦为御史大夫、京兆尹，带二十余使。又杨国忠借椒房之势，承恩幸，带四十余使。云经其听览，必数倍弘益，又见宠贵。太平既久，天下至安，人不愿乱。而此数人，设诡计以侵扰之，凡二十五人，同为剥丧，而人无敢言之者。

及安禄山反于范阳，两京仓库盈溢而不可名。杨国忠设计，称不可耗正库之物，乃使御史崔众于河东纳钱度僧、尼、道士，旬日间得钱百万。玄宗幸巴蜀，郑昉使剑南，请于江陵税盐麻以资国，官置吏以督之。肃宗建号于灵武，后用云间郑叔清为御史，于江淮间豪族富商率贷及卖官爵，以裨国用。

德宗朝讨河朔及李希烈，物力耗竭。赵赞司国计，纤琐刻剥，以为国用不足，宜赋取于下，以资军蓄。与谏官陈京等更陈计策，赞请税京师居人屋宅，据其间架差等计入。陈京又请籍列肆商贾资产，以分数借之。宰相同为欺罔，遂行其计。中外沸腾，人怀怨望。时又配王公已下及尝在方镇之家出家僮及马以助征行，公私嚣然矣。后又张滂、裴延龄、王涯等，剥下媚上，此皆足为世戒者也。

德宗遭遇军队叛乱逃离长安的784年前后，中央府库已空，于是地方节度使、观察使等军阀，开始以进献的名义向中央送交金银财物。叛乱平息后，为了得到皇帝的恩宠，这种贿赂式的进献依然继续，而且不限于军阀节度使，官阶较低的下级官员也纷纷效仿。州官即刺史中，裴肃是第一位进献的官员，裴肃刚刚当上常州刺史，就在当地设立了消费税这样的新征税名目，以确保财源。他不断向皇帝进献财物，于是不久便被提拔为浙东观察使。

《旧唐书·食货志》序文，概括了唐代的财政经济史。文中被作为金钱政治反面典型大加批判的人物，正是玄宗时期的杨国忠和德宗时期的裴肃。本次"大唐长安展"上两件来自1200年前的地下宝物——杨国忠进献给玄宗的银铤和裴肃进献的鎏金双凤银盘，使参观者有幸目睹中国正史所记载金钱政治的实物，令人感慨万千！

关于金银器铭文暂且作以上论述。下面，继续讲石刻碑文。

《玄秘塔碑》与佛教镇压

"《玄秘塔碑》拓本"（图6-9）记述的是有关和尚大达法师纳骨塔的由来。正如石碑正面即碑阳第一行"唐故左街僧录内供奉三教谈论引驾大德安国寺上座赐紫大达法师玄秘塔碑铭并序"所记，大达法师端甫乃长安安国寺僧侣，宪宗元和十四年（819）迎法门寺佛骨入长安时，是负责宫廷内外法要的中心人物，正是他极力主张此次迎佛骨入宫。当时极力反对迎佛骨的主要人物，是唐宋八大家之首韩愈，他因写作言辞激烈的《论佛骨表》而激怒宪宗,被贬岭南。《玄秘塔碑》的正中央所书"迎真骨于灵山,开法场于秘殿",是对大达法师在迎佛骨入宫一事中功绩的记述。

图 6-9　《玄秘塔碑》拓本（西安碑林博物馆）

《玄秘塔碑》是会昌元年（841）岁末,为左街安国寺境内的大达法师纳骨塔所立,现藏于陕西省西安碑林博物馆第二展室。碑文由唐代大书法家柳公权（778—865）以楷书书写,碑额为篆书,因此该碑的拓本常被书法爱好者作为字帖临摹。而本文更关注的是碑文的撰写者——江西观察使裴休（791—864）。前文所提及向德宗进献银盘的裴肃,即裴休的父亲。裴休是众所周知的佛教徒。玄秘塔碑立于武宗会昌元年十二月二十八日,立碑两三年之后便发生了唐代最大的镇压佛教事件,即"会昌灭佛"。从碑文可看出,作者预感"会昌灭佛"即将发生,并对此感到十分担忧。碑文倒数第六行写有:"承袭弟子义均、自政、正言等,克荷先业,虔守遗风,大惧徽猷有时湮没"的字样。此段话与《房山石经》地宫入口处所刻铭文存在一定的共性。大达法师为佛教事业做出了巨大贡献,培养了众多佛门弟子。但裴休却感觉到了周围不安的气氛,认为法难即将降临,因此写下了"大惧徽猷有时湮没"这句话。

佛教的命运被裴休不幸言中,不久国家便开始了大规模的反佛运动,即所谓的"会昌灭佛"。中国历史上,通常国家对佛教实行镇压之后,继任君主便会采取措施重振佛教,以期收服人心,北魏、北周、唐的灭佛运动之后皆如此。846年武宗驾崩,其叔父宣帝即位之后,立即废除先前的反佛政策。当时力促佛教复兴的中心人物正是裴休,他从地方被调回中央担任要职。

《玄秘塔碑》的背面即碑阴也刻有两段文字。碑阴上部刻着宣宗大中五年(851)正月十五日的"敕内庄宅使牒"(图6-10),从拓本看,石碑有裂痕;下部刻着翌大中六年四月二十五日大达法师承袭弟子比丘正言的疏。

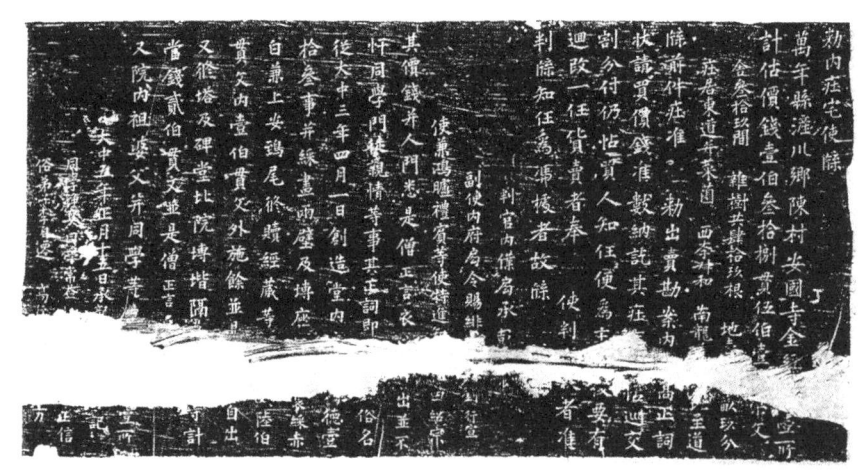

图6-10 敕内庄宅使牒拓本(西安碑林博物馆)

在研究此类石碑时,应主要认真解读正面,但同时也不能忽视石刻的背面。研究者必须将碑阳和碑阴,甚至两侧的所有铭文都进行认真比较,以此做出综合判断。但实际情况是,当选定某块石碑对其进行研究之时,却往往只能找到碑阳的拓本。《玄秘塔碑》也是如此，由柳公权书写的碑阳拓本的图片很容易找到，而碑阴的拓本图片却很难见到。

说到唐朝的佛教政策，佛教僧团、寺院与国家之间有过三次关系紧张的时期。第一次是唐初的高宗及太宗时期，第二次是玄宗初期即开元初年，第三次也是最为激烈的一次，就是武宗会昌年间的灭佛运动。记录这三次紧张关系的传世资料，是嵩山少林寺的《皇唐嵩岳少林寺碑》正反面铭文和《玄秘塔碑》碑阴铭文。一般来说，佛教即便受到官府的压制，寺领庄园也并不在制裁之列，寺院往往会预见性地将豁免证明——敕诏等公文内容刻在石碑之上，上述两块石碑便属此类文物。《皇唐嵩岳少林寺碑》，立于玄宗开元十六年（728）七月十五日盂兰盆节当日，碑文记录高祖、太宗时期和玄宗时期寺领庄园两度面临危险境地的情形。而第三次，即会昌时期寺领庄园面临危机的传世资料，就是《玄秘塔碑》碑阴上部所刻的"敕内庄宅使牒"。关于《皇唐嵩岳少林寺碑》，笔者以前写过详细的论文并被翻译成英文。

"敕内庄宅使牒"中的"内庄宅使"，是由宦官担任的内诸司使之一，属于令外官，负责管理官有不动产。牒文及下部所刻的"比丘正言疏"由于碑文断裂造成文字脱落，读解起来十分困难，但从中大概能够了解到，这是证明病中的比丘正言倾尽所有将安国寺的官有庄宅买下的公文。"比丘正言疏"的日期为大中六年（852）四月，然而此文是立碑10年之后补刻上去的。将前一年年初下发的敕牒和这篇疏刻在石碑上，是为了确保即使日后发生危机，庄宅也不会被官府没收。《玄秘塔碑》建立不久便发生了会昌灭佛，安国寺想必也遭到了巨大的破坏。所以，寺院僧侣因担心灭佛之风再度兴起，才刻上这两篇"保险"文书。顺便补充一点，碑阳的撰文者裴休，大中六年八月登上宰相之位，此后任职4年。但唐宋时期的宰相并非由一人担任，而是由多人一同担任，所以应该称他为"宰相会议成员"较为贴切。

记录与波斯交往情况的《唐苏谅妻马氏墓志》

本次展览有一个"宗教之都长安"的展区，其中展出了立于德宗建中二年（781）的《大秦景教流行中国碑》拓本（图6-11）。大秦指罗马帝国，景教指基督教聂斯脱里派。此碑是展示唐长安盛行西方诸宗教史实的代表性文物，日本的世界史教科书里可以看到这块碑的图片。而当实际面对按原碑大小拓下的拓本时，相信几乎所有观看者都会被其巨大的碑身所折服。从拓本上看，碑文主体用汉字书写，但周围也刻有一些叙利亚文字。

除了这张拓片，展览还展出了一件真实反映唐与波斯交流情况的珍贵实物，即《唐苏谅妻马氏墓志》（图6-12），该墓志的拓本也同期展出。此块墓志于1956年出土于西安西郊①，墓志大小为35.5厘米×38.5厘米，基本呈正方形。其上半部分刻有横写的6行波斯中世纪巴列维文字，下半部分刻有竖写的7行44个汉字。这方墓志的发现曾轰动一时，现已被认定为国家一级文物。对于墓志上巴列维文的解读，是京都大学伊藤义教先生受中国方面委托所完成的，译文载于中国的《考古学报》1964年第2期上。现将汉文的部分抄录如下：

左神策军散兵

马使苏谅妻马

氏己巳生年廿六

于咸通十五年甲

午岁二月辛卯建

廿八日丁巳申时身

亡故记

---

① 译者注：《唐苏谅妻马氏墓志》于1955年冬出土。

图6-11 《大秦景教流行中国碑》拓本（西安碑林博物馆）

图6-12 《唐苏谅妻马氏墓志》（西安碑林博物馆）

"咸通十五年"（874）是个特殊的年份，前一年八月即位的僖宗未实施改元，而是承袭了他父亲懿宗的年号。本次展览中的另一件展品上也可以见到这个纪年，即法门寺《衣物帐碑》拓本（图6-13）。《衣物帐碑》的全称是《监送真身使随真身供养道具及金银宝器衣物帐碑》，刻有前一年迎入宫中的佛骨送归法门寺时懿宗等所赐供品的品目及数量,日期为"咸通十五年正月四日"。关于《衣物帐碑》,可参考气贺泽保规的《法门寺出土唐代文物及其背景——以碑刻"衣物帐"的整理和分析为例》(见砺波护即笔者主编的共同研究报告《中国中世的文物》,京都大学人文科学研究所,1993年)一文。笔者在此次演讲时带来了一本《中国中世的文物》,不过不是原版,而是韩国的盗版。盗版虽然令人为难,但在某种意义上,算是一种国际交流吧。

图6-13 《衣物帐碑》拓本（法门寺博物馆）

越王李贞墓及章怀太子李贤墓

最后笔者将对与《宋史·日本国传》及《旧唐书·越王贞传》有关的一件文物予以介绍。

首先是《宋史》中记载,雍熙元年(984),日本僧人奝然等五六人来朝,献铜器10余件及本国《职员令》《王年代记》各一卷。奝然着绿衣,善隶书,但由于语言不通只能笔谈。他们携获赠的中国"五经",佛经,《白居易集》七十卷等书籍返回。并记述太宗召见奝然,予以厚遇,赐紫衣,令其宿太平兴国寺。日本藏有很多中国典籍,此次奝然来朝还带来了佚书"《孝经》一卷"及"《越王孝经新义第十五》一卷"。其中的《孝经》即郑注本,"越王"即唐太宗之子越王李贞,《越王孝经新义》为记室参军任希古等撰。

奝然乃东大寺僧侣,欲与比叡山的天台佛教抗衡,策划在爱宕山兴建五台山佛教,于是入宋时带去了《越王孝经新义》。这部书为何在宋朝受到如此青睐?是因为唐朝时期它曾被作为禁书,历经朝代更迭早已失传。当时获闻日本还保存有此书,可谓失而复得,所以格外重视。

而此书究竟因何遭禁?据《旧唐书》记载,李贞是唐太宗第八子,武则天篡权建立武周之后,李贞跟随大哥李冲一道起兵谋反,却因失败而被迫自杀。为此,武周时期,李贞参与注释的书籍就成了禁书,一律不准传抄和收藏。此后,李唐王朝虽然恢复,但这部书在国内却再也难以找到。谁料其早年被带到日本,此时才得以重回故地。

图6-14 越王李贞墓墓志拓本(陕西省文物局)

中宗即位,李唐王朝恢复,李贞随即得以平反,但直到玄宗开元六年

(718）正月，才下诏准其陪葬昭陵。越王李贞墓，于1972年发掘。虽然史上曾经屡次被盗，但仍然出土了墓志盖铭一组，以及三彩马等随葬品。本次"大唐长安展"展出了其中的5件随葬品。关于李贞墓出土文物，《考古》1977年第10期中设有昭陵的专栏，收录了《昭陵陪葬墓调查记》《唐越王李贞墓发掘简报》等文。笔者演讲时所带图录，出自《昭陵文物精华》（陕西历史博物馆、昭陵博物馆合编，陕西人民美术出版社，1991年）一书中的昭陵陪葬墓分布图，以及越王李贞墓出土的著名文物的彩色图片，还有很清晰的李贞墓志盖及铭文图片（图6-14）。

昭陵南侧散落着150余座陪葬墓，李贞墓是最南边的一座，离太宗墓穴大约10千米。理论上，李贞应该被埋在北边也就是离太宗墓穴最近的地方，但因为平反较晚，所以无奈被埋在了最南边。

图6-15　章怀太子李贤墓石门拓本（陕西省文物局）

本次展览还设立了一个"地下宫殿"展区，复原了乾陵陪葬墓之一章怀太子李贤墓的实景。李贤因曾为《后汉书》作注而闻名，亡于文明元年（684），也是受武则天逼迫而自尽。后恢复名誉，才得以陪葬在乾陵。李贤墓拥有两方墓志，一是李唐王朝恢复后，中宗在神龙二年（706）将其下葬时所立的《雍王墓志》，另一方是睿宗于景云二年（711）为其追封太子时所立的《章怀太子墓志》。展品除了这两组墓志盖铭的拓本，还有石门线刻人物画的拓本（图6-15），笔者于美术史不甚了解，无法对其美学意义做出评价，所以就此住笔。

本文并未对每个石刻展品一一进行解说，而是着重介绍了笔者在石刻拓本和金银器铭文方面的研究成果。这些拓本上书写的毕竟都是汉字，所以观者只要用心欣赏，就会理解其含义。

品茶的世界

——从茶到煎茶、点茶

筒井紘一

法门寺所具有的意义

本次"大唐长安展"的展品中,能够从中国陕西省法门寺借来一级文物,可谓是锦上添花,虽然仅有3件展品。这3件法门寺出土的文物是唐代茶器,本文旨在阐述如何使用这些茶器的基础上探讨唐代的茶文化。

同时,希望通过本次展览,人们能了解茶文化自唐代传入日本,从平安初期开始经历了怎样一个发展过程。此次展出了荣西等人将宋代茶文化引入日本后镰仓时代的茶,大名的斗茶时代,以及东山书院式茶法和村田珠光开创的草庵茶等不同时期的名茶。

唐代茶文化可通过陆羽(733—804,字鸿渐)的《茶经》和法门寺出土的文物清楚了解。但首先必须明确法门寺在寺院中曾处于何等重要的地位。笔者近3年来曾三度前往法门寺,每次去都发现门前大街整修一新,周边很热闹。

法门寺位于陕西省扶风县,在著名的西安以西110多千米处。原本是一座在偏僻乡村农田中修建的旧寺庙。壮丽的十三层塔建成于唐代,1981年法门寺塔半边坍塌。六年后的1987年实施重修塔的计划,开始挖掘塔基部分。在移去塔中心挖地基时,出现了地下宫殿,这是20世纪最大的发现之一(图7-1、7-2)。地宫前室、中室、后室三室全长21.12米,后室七重宝函中发现的释迦牟尼指骨舍利是法门寺最重要的宝物。出土的全部文物中有佛舍利容器18件、金银器65件、铜器10件、玻璃器20件、瓷器10件、玉器23件。此外,绢织品数量很多,据说正仓院中的宝物根本无法与之相比。据说,京都的装裱专家前来指导过对于不断风化的丝绢织品如何进行保存。这些专家估计,要将这些丝绢织品妥善保存需花费近30年时间。地宫入口处,相当于地宫门的两座石碑上,悉数刻有内部收藏的宝物。在《监送真身使随真身供养道具及金银宝器衣物帐碑》的记录中,有晚唐懿宗皇帝咸通十五年(874)正月四日的字样。从这一点可以判断,地宫所藏宝物在874年放置密封后,直到本次挖掘从未被盗过。

图7-1 半边倒塌的法门寺塔

(陕西旅游出版社《法门寺》)

图7-2 塔底部的地下宫殿

(陕西旅游出版社《法门寺》)

法门寺的前身可追溯到东汉,但作为皇家寺院受推崇始于3世纪后叶。到了唐代,高宗、中宗皇帝归依,前后7次将佛祖舍利运往首都长安供奉。

法门寺出土文物中,保存佛骨舍利的七层宝函、密教法具、绢织物、琉璃器等备受瞩目。不过,从茶文化的角度来看,不能不关注本次展览的金银制药研、玻璃茶托、茶碗,甚至出现在《源氏物语》中传说的"秘色"青瓷碗等。这次非常期待能够展出秘色青瓷,但遗憾的是没能从中国方面借出。

"荼"的时代——饮茶普及之前

关于唐代茶文化,可通过陆羽的《茶经》了解,这一点将在后文中叙述。首先,来看一下中国品茶文化的形成时期。中国"茶"字出现于9世纪初、中期,即陆羽逝去二三十年之后。"茶"字的出现,表明饮茶已经渐渐推广。那么,在此之前使用哪个字?据说写作"荼"(发音"tú")。而且,"荼"字使用时有两层含义。

这个字出现时,其中一个意思是"苦菜"。大多数情况下,"荼"字均作为"苦菜"之意使用,故为草字头。同时,也了解到它实际是一种蔬菜。不过,就像英语单词中"right"一词既表示"右边"又表示"正确"这两个意思一样,"荼"字既表示"苦菜",又表示现在"茶"的意思。因为"茶"也味苦,故一个汉字表达两层含义。但是,"荼"字大多数情况下表达"苦菜"之意。

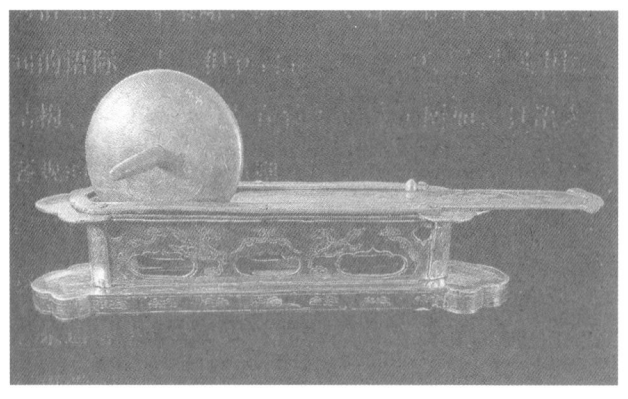

图 7-3　鎏金鸿雁流云银茶碾子、碾轴(将团茶碾成粉末的道具)(陕西旅游出版社《法门寺》)

图7-4 鎏金龟形银盒(存放筛过之茶的容器)(陕西旅游出版社《法门寺》)

图7-5 琉璃茶碗、茶托(陕西旅游出版社《法门寺》)

图7-6 秘色青瓷茶碗(陕西旅游出版社《法门寺》)

使用"荼"字表示茶之意始于西汉，相当于日本弥生文化时期。西汉的神爵三年（前59），有一位蜀地的辞赋家王褒著有《僮约》一文。"僮约"即一种买卖奴隶的契约书。王褒有一次在旅途中夜宿旅馆，女主人是位寡妇，有一个奴才叫"便了"。王褒住在旅馆中，与女主人逐渐熟悉起来，也开始吩咐便了做事。便了说："我是这家女主人的奴隶，不是你的奴隶，不能听你差遣。"愤怒的王褒向女主人说了这件事，而且还签了奴隶买卖契买下便了，此契约便是僮约，也是小说的标题。王褒把契约给便了看，并告诉他如买卖证书上所写的，他要早起打水、做早饭、饲养家禽、做脯干、去地里挖菜等。便了看了之后感叹说："早知如此，当初就该听从你的吩咐。"故事讲到这里就结束了。

书中使用了"买荼"这个词，这是其一。其次是回家之后，使用了"烹荼"一词。这样，"荼"字在文中便出现了两处。这两处表示茶还是菜，虽不能完全确定，但是，从去市场专程买回来这一角度考虑，应该是茶吧。不过，此时是饮用什么茶、怎样喝，均无从考察。感觉好像是传说中的"百沸茶"，经过长时间煮沸，然后饮用。

据说中国传统的饮茶文化，最初缘于达摩大师。达摩从印度来到中国，会见梁武帝，与他谈论佛教。武帝依仗自己大修寺庙的功德，坚信自己是佛教的庇护者。达摩对这一执念感到吃惊，话不投机，便辞别武帝，渡江北上入少林寺，开始了9年的面壁坐禅。我们普通人可能坐一个小时就会睡着，但是达摩坚持坐了两三年。然而，即使是这么有毅力的达摩，在过了4年之后，也无法抵御困意袭来。他极力寻找可以不打瞌睡的方法，就在苦思冥想之际，忽然意识到是因眼睑下合才会瞌睡。于是，达摩把眼睑切除了。所以达摩的眼睛又大又圆，炯炯有神。

看着切下的眼睑，达摩说道："就是因为这东西才妨碍我坐禅。"于是，将攥着的眼睑用力掷于地上。然而，不可思议的是，地上发出了两片芽。眼睑被切下扔在地上，自然长出了芽，这就是所谓的"以眼还眼"。发出芽之后，达摩觉得很不可思议，就将其摘下吃掉。于是，此前无法控制的睡意突然消失，一下就清醒了。这件事成为一件奇闻，坐禅修行的年轻僧侣们也开始将嫩芽煮了饮用，这就是传说中最早饮茶的由来。这个故事虽然荒诞无稽，但使人们了解到茶是解除倦意的良药，因为茶叶中有单宁酸。古人虽不了解单宁酸，却认识到茶有醒神的作用。

饮茶习俗的传播

对于唐代饮茶习俗的传播，可通过《封氏闻见记》一书了解。

《封氏闻见记》一书，出自一位名叫封演的人之手。其生卒年月不详，据记载，他在唐玄宗宠爱杨贵妃的天宝年间（742—756）是太学生。因此，750年左右他应该过了20岁了。

《封氏闻见记》中关于饮茶有以下几段记述。

"茶，早采者为茶（采摘的第一、二茬为茶），晚采者为茗。"茗乃茶的别称，大多数情况下是苦茗。晚采的茶，即七八月的粗茶。不知宇治的茶现在要采摘几茬，但古时为五茬。到了第五茬，因茶叶受到太阳光照射时间过长而变苦，这时就是"茗"。茶的确不可思议，两三年前，《朝日新闻》中曾经再现过唐代的制茶工艺，如果不使用头茬上等芽，使用第二茬芽，就做不出上好的茶。想要做出像年糕一样柔软、成型好的茶只能用头茬芽。好茶非常柔软，茶香沁人心脾。

《本草》里面记载，茶能止渴醒神，南方人好饮之。

茶只能采于江南。日本北海道也没有天然茶树。江户时期，据伊达政宗等人讲，曾有过关于在日本采到茶的记录，也许是在宫城县以南的地区，宫城县是日本种茶的北方界限。茶属于山茶科南方树木，故产茶区有地理界限。中国浙江省是最好的采茶地，现在的乌龙茶类产于福建省。浙江省产的绿茶龙井、福建省武夷山产的铁观音乌龙茶是上等的好茶。此外，还有一个采茶地叫安溪，安溪在烧白瓷观音的德化窑附近。安溪和武夷山是中国最好的乌龙茶产地，在那儿可以采到非常柔软的好茶。中国茶产地可能百分之九十都在浙江和福建两省。

南方人爱好喝茶。当时的都城长安和洛阳均在北方，北方居住人口众多，但却采不到茶。因此，必须从距离2000—3000千米远的南方运过来。

隋朝隋炀帝修建了大运河，虽然可以用船马运输，即所谓的"南船北马"，但任务艰巨、路途遥远，因此，必须考虑更加便利的运输方式，另外还必须便于保存。考虑到好保存、便于运输这两个要素，唐代人便制作出了团茶。产茶地附近的人们则不用专门做成团茶。

"北方人最初并不爱喝茶。开元年中，泰山的灵严寺有一位降魔师。"泰山位于山东省，是中国五岳之一。降魔师住在灵严寺。"大兴禅教，不眠不休坐禅习经。不用晚餐，许饮茶。年轻的僧侣把茶器揣于怀中，所到之处煮茶饮茶。"以便坐禅时醒神。

"从此之后人们争相效仿，渐成风习。逐渐从山东省、河北省传播到京城。"在五岳的灵严寺，只有僧人们饮茶，渐渐这一风俗传到了长安都城。因此，通过上述分析，可看出唐代僧人们经常饮茶，所以，达摩饮茶自然在情理当中。

以茶为药的历史

如果追溯到远古时代，陆羽所著的《茶经》中认为最早开始饮用茶的人是炎帝神农。炎帝神农生活在中国三皇五帝时代，即公元前2700年，距今约5000年之前。此人在位120年，最终变身为人身牛头。按照现在来讲，他可能是中国少数民族——山寨苗族的族长。因为，山寨民族冬季寒冷时把头发蓄长，夏天炎热时就把头发盘在头上，远远看去就像鼓起来的包，和犄角一样。

神农写了《神农食经》，这是关于本草学最早的书。除此之外，中国本草学著作中还有一本叫作《本草纲目》，使日本本草学也非常兴盛。神农深入大山，遍尝草木的果实、叶子、皮等，在尝试的过程中，发现了祛热、止泻和解决便秘的中药。老中药堂里一定要挂神农的画像。神农尝了各种东西之后做了记录，例如尝了山里的香菇很美味，松茸很香，但是尝了笑菇就会大笑不止等。因此，神农一般都左手执一树枝进山，当吃了东西身体感觉不适时，会咬那根树枝。据说那根树枝是茶树枝。因此神农的画像里他一定拿着一根树枝，那就是茶树枝。

据说中国有 6 万多种中药，其中 3 万种可用茶替代。茶自始至终都被作为药来饮用，这一观念无论是在中国还是日本，都根深蒂固，直到现在依然如此，从未改变。相信大家也都是把茶当作药来喝的吧。不久前，当乌龙茶很流行时，大家认为乌龙茶能够减少脂肪，会使身体瘦下来，所以，微胖人士大量饮用。但是，笔者认为并没有这种奇效，这一点我可以证明，不过的确能够减脂。众所周知，吃完油腻的东西后要喝乌龙茶，而瘦身就要饮用普洱茶。15 年前去中国时，笔者才第一次见到普洱茶。

对于这种茶，笔者以前并不了解。所谓茶，从制作方法上来讲只有发酵茶、不发酵茶、半发酵茶这三种。到了近代，制茶书中一般介绍发酵茶即红茶，不发酵茶即绿茶，半发酵茶即乌龙茶这三种茶的制作方法，没有其他方法。但是，笔者在十四五年前首次听说了云南省制出了一种叫"后发酵茶"的品种，即先阻止发酵，后使其发酵的茶。阻止发酵过去只有一种方法，那便是蒸，蒸可以避免发酵。现在，中国阻止茶发酵，很少使用蒸的方法，主要是用烘焙法。用蒸的方法阻止发酵，这在《茶经》中有记述。此方法自传入日本之后，一直沿用至今。

阻止发酵，可以通过烘焙茶叶，使空气中的氧气不再进入叶肉细胞。蒸、烘焙之后，茶叶的表皮细胞就不再呼吸。烘干形成的便是抹茶原料——碾茶。即使用开水冲泡碾茶，水都不会变为茶色。所以煎茶要碾揉，烘焙至恰到好处时搓揉。将开水注入揉碎的茶中，会浸泡出氨基酸成分，即刻便清香四溢。头一遍茶之所以味甘，原因便在于此。但是，冲泡第二遍时，会泡出味略苦的丹宁。没太揉碎的茶叶会同时泡出氨基酸和丹宁，此刻甜、苦味两种味道混合，转而变涩。第三遍泡出的就只有苦味。第四遍没味儿了。

炎帝神农时期，最初吃茶是咀嚼生茶叶，想必不怎么好吃。因此，才想出了百沸法，或熬煮成中将汤等饮用。中国发明并使用百沸法饮茶，应该是在二三世纪。这样煮出来的茶叶最后要倒掉，可倒掉觉得可惜，茶即药，故而人们一直在琢磨连茶叶一起喝下去的制茶法，此方法也许到了隋或唐代才出现。

茶传入日本

唐初到盛唐8世纪中叶，当时中国的"茶"字写作"荼"。其间，有大批遣唐使从日本派往中国。茶何时传入日本？是否在平安时代以前？通过对兴福寺一乘院遗迹、长冈京遗迹出土的香炉进行考察，人们认为这有可能是用来煎茶的锅。而且，在《正仓院文书》所录天平六年（734）到宝龟二年（771）间写经司的账本——《写经司解》中，记有"荼二十束，价十四文""荼七把，价钱五文"的记录。此处的"荼"到底是茶还是苦菜，存在意见分歧。之所以认为是苦菜，理由之一是前后所写物品皆为蔬菜，价格比青菜还便宜，且绑成"束"或"把"来卖。而在市场上出售的茶是商品化了的团茶，团茶中间留孔用绳子等穿起来，将几串绑成一把来卖。而且，团茶也属于植物，所以，写进蔬菜类中也并不奇怪。只是，从中国引进的"茶"（写作"荼"），为何其价格如此低廉，这一点让人非常不解。要解答此问题只能有待于今后进一步研究。

饮茶习惯的形成和"茶"文字的出现

暂且不论日本，中国的饮茶习俗于8世纪中期开始兴盛，即与封演著《封氏闻见记》在同一时期。

下面，来看看《封氏闻见记》续集。

开元年间，茶终于流传到京城，即720—730年间。之后"城市多开店铺"，即四周被城墙围绕的城区中开了很多店铺，西安直至目前仍保留着古城墙。① 店铺挂着"出售煎茶"的牌子，请注意此时流行的是"煎茶"。

无论是普通人还是修行之人都掏钱来买茶喝。茶运自江淮，舟船车辆络绎不绝，所到之处茶叶堆积成山，颜色、价格各不相同。

"楚人陆鸿渐为《茶论》"，即之后的《茶经》。"大唐长安展"展出了

---

① 译者注：唐代时期的城墙现已不存，西安现在的城墙是明城墙。

明代出版的《茶经》,《茶经》由三卷十篇构成。"说茶之功效,并煎茶、炙茶之法。造茶具二十四事,以'都统笼'贮之。远近倾慕,好事者家藏一副。"所谓一副,有可能是一卷《茶经》书,也有可能是一套《茶经》挂图。因为《茶经》第十篇就讲了可以用白绢四幅或六幅将《茶经》抄上,挂起来。"有常伯熊者,又因鸿渐之论广润色之,于是茶道大行。"请注意这里使用了"茶道"。当然,这与日本的茶道有所区别,但仍为茶之道。这个"道"应该如何把握的确值得思考,不过是个很有趣的表达。先不考虑是否蕴含了精神层面的内容,但应理解为"饮茶之道"。饮茶很快兴盛起来,这发生在750—760年间。那时,长安都城中饮茶已相当普遍了。

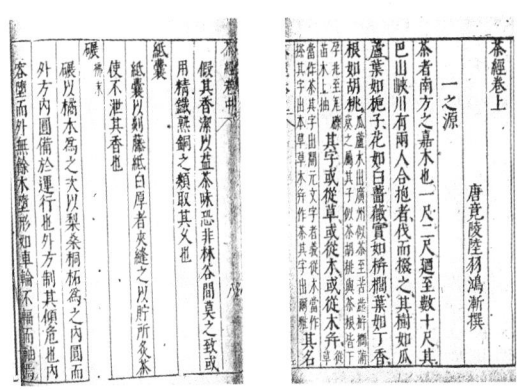

图 7-7 《茶经》(明刻本,日本今日庵文库藏)

《茶经》作者陆羽大约于804年去世。正如前文所述,从"荼"字转化为"茶"字也是在820—830年间。

茶字出现的理由可从以下几个方面考虑。若写成茶的古代字"荼",读的人必须判断其指的是"苦菜"还是"茶"。古时作为蔬菜使用的"荼"字,其使用概率若占到90%,那么看到"荼"字时即可认为是苦菜。然而,随着饮茶机会越来越多,苦菜和茶的使用比例各占到一半。看到"荼"字时很难判断其代表的是苦菜还是茶之意。因此,困惑的人们开始考虑另外造一个字来代表茶,这样"茶"字就应运而生了。对于"茶"

究竟是草还是木不十分清楚，要靠饮用的人自己来进行判断，于是，便在草字头和木字的中间加入了"人"。正如前文所述，"茶"字的出现表明饮茶习惯已经普及。这个时期应该是9世纪中叶。

茶树的种类和茶的种类

茶树属山茶科，学名为"Camellia sinensis"，有三个种类。位于云南省的茶树王高达10米。《茶经》开头这样写道：茶乃南方嘉木，高一尺、两尺，甚至数十尺。有一尺、两尺的小叶茶，也有五米、七米的大叶茶。且记载着茶树如瓜芦、叶如栀子、花如白蔷薇，树粗需两人合抱。茶，采于中国南方的优质树木，碎石山地中生长的茶树属上等佳品。而平原上太阳光线照射太过强烈，所以不适合种植。山地如果生长着高达5米的树木就太危险了，采茶姑娘不可能去这么高的地方采摘。1935年纽约威廉·乌克斯写了一本书，名为《茶叶全书》。这本书中有一幅插图，画了一位中国男子背着竹筐牵着猴子外出的场景。到了茶树下，让猴子爬上去，然后向上扔石头，石头砸中猴子，猴子就要还击。它折下周围的树枝投向男子，一会儿便开始互相投掷。见折得差不多了，男子拿出食物引诱，猴子看到食物便从树上下来，和男子一起回家。男子就把猴子扔过来的树枝上面的叶子采下来带回去。这样采来的茶广东话称"马骝搣茶"或是"猴子摘"。南方茶树长得很高，必须要进入山间采茶。山上采摘的茶如果拿到山下去蒸，比较浪费时间，关键是采摘下来的茶必须立刻拿去蒸。因为在山上采摘的茶叶立刻就开始发酵，即使是中途去蒸，也变成了中途停止发酵的茶。这也就是所谓的半发酵乌龙茶。

各位见到日本茶园的茶树高度都一样，采摘得很干净。虽然没必要采得那么干净，但如果不修剪整齐，就会到处长出许多小芽，不便采摘。采摘后必须尽快蒸。修剪整齐，出芽的时间一定，这样就方便采摘。

看《茶经》的《三之造》篇，上面记载"其日有雨不采"。直到现在，下雨时也绝对不采茶，因为水滴是茶之大敌。蒸的时候被淋过的那一部分没有被加热就开始发酵了。因此，采茶必须是晴天。书中还记载，即使晴天，有云亦不能采。采茶必须是晴天，且要立刻蒸。蒸茶起源于中国，之后传到日本，蒸的方法一直沿用至今。中国蒸茶的方法则在元代后失传。进入明代后，开始采用锅煎的方法。据《茶经》记载，蒸过之后要再研碎，大概是用长杵研碎吧。并且，还要敲打。所谓敲打，就是将蒸好、研过的茶放进模子里敲打定型。形状有花形、方形、圆形。可以想象一下现在制作饼干的模子，与做压缩饭团的模型一样，大小一寸见方。敲打固定即称为"拍"。此外，还要烘焙，至于是用太阳晒还是用火烤，这一点并没有记载。之后，打孔、扎捆、装箱、干燥，团茶就制成了。

根据《茶经》的制作方法，了解到中国唐代的茶是团茶。而且，制作团茶，用5米高的大茶树上的茶叶绝对不行。因为，这么高的大树，叶子像枇杷树叶一样大。陆羽未曾来过南方，也许不知道有这么大的树叶吧。只是听说过这样的茶树，便写进了《茶经》。

那么，陆羽曾经活动在何处？颜真卿对陆羽非常关照。碑林颜真卿的拓本也在本次展览中展出。颜真卿任刺史时，陆羽托他在太湖南的湖州修建了茶室，名为"三癸亭"。在那里，陆羽和颜真卿一起品茶。因为陆羽比较了解的茶仅局限于那一带，所以，他见到的茶树就是与现在日本茶树大小差不多的小叶茶，因此，制作时可蒸、捣。

但是，普遍认为在陆羽的时代不可能经营茶园，还是必须要去山中采茶。陆羽甚至连山上的土也做了记录，黏土不行，砂土亦不可，石头多的地方更是排除在外，最理想的就是烂石之地。所谓"上者生烂石，中者生砾壤，下者生黄土"。石头风化后的烂石、砾壤最适合种茶。而且，还记录了水质、日照等方面的条件。山腰的南北侧斜坡，虽然都可以采到茶，但是在北侧斜坡采的茶绝对不能喝，若喝了就会得病，背部僵硬。北坡因太阳光照射不足，潜藏着致病诱因。茶叶吸收了太阳光线要进行一定程度的光合作用。但光合作用过多，茶叶中丹宁酸就会增多，味道变苦。因此，最适合的地方就是晨雾出来，上午9点过后阳光照射，下午3点左右太阳下山就变阴，这样的地方种出来的茶为上等茶。

饮茶人应具备的德行·饮茶用具、水、火的使用

陆羽在《茶经》的《一之源》篇的结尾,写了饮茶之人所应具备的德行。"精行俭德之士"请饮茶。即精神上追求"至道"、懂得惜物的圣贤之士。正因为是精行俭德之士饮用,才要使用上等好茶、恰到好处的火候、上乘之水。所谓最好的茶,就是从优质土壤生长的茶树上,采摘像笋的嫩芽部分,已经开了的叶子不行。而且,还要注意火。你会分开放水壶与做饭的炉灶吗?两者不分的人就不懂得火的重要性。如果用烧过油、炒过菜的炉灶来烧水,饭菜味儿就会进入水中。陆羽认为用厨房里的柴火烧开的水绝不能喝。使用炭的人应该了解,上面浇有猫、鼠尿的炭气味非常臭,用这样的炭烧开的水绝不能认为是好水。

其次,陆羽强调了水的重要性。中国一般认为山水最好,其次为河水,泉水位居第三。而日本认为泉水最好,其次为山水,河水位居第三。据说日本京都六条醒井大街的醒井水最好,其次为柳井水,宇治川的水质位居第三。

据说中国河水中最好的要数长江的南零水。南零即稍稍远离河岸的地方。据说河岸边的水不能饮用,因河岸的水浑浊,其中栖有龙,饮用此处的水咽喉会肿。而且,河正中央的水也绝不能饮用,据说那里的水是死水。河中央水流湍急,水相互撞击便会死,死水不能饮用。那么,哪里的水最好?书中写道,河岸距河中央四分之一或三分之一处的水为最佳。日本的宇治桥,在河岸与河中央之间有栏杆,人们开始取用那里的水。宇治桥有一个名为"三间"的地方,从中可了解到日本曾经也根据陆羽所讲的方式取用过河水。

长江的南零稍远离岸边。唐末的张又新写了一本书,名为《煎茶水记》。此书把中国国内的水分为上、中、下三等。其中记述了这样的内容:那时陆羽受颜真卿器重,与他们在一起的还有一个刺史叫李季卿,李季卿好不容易见到了陆羽,说一定要品一下他煮的茶。得到应允之后,李季卿让仆人去南零取水,不一会儿仆人就取回来了。陆羽把桶里取回的水舀入

锅中烧开，先自己呷了一口，然后对仆人说："你说打的是南零的水，这恐怕不是吧。"仆人听了此话，很生气地说自己的确去了南零。去南零不只我一人，船老大也知道此事。听了下人的解释，陆羽一言不发，开始把桶里的水往外洒，泼到一半时停了下来，然后倒掉锅里的热水，把桶里的水倒入锅中。接着再把水烧开，陆羽又呷了一口，然后说这才是南零的水。仆人听了非常尴尬，说："我的确到了南零，但返回岸边下船上岸时，因小船摇晃，抱的水桶里的水洒掉了一半。心想这么回去一定会惹主人不高兴，所以，就舀了一些岸边的水进去，桶里面上半部分是岸边的水。"

陆羽连水如此细微的差别都能够分辨得出，对水质要求非常之高。只有符合这样标准的水才算上好的水。所以，陆羽认为在讲究水质、茶、火的基础上，具备很高德行的人，即精行俭德的人饮用的才能称之为茶。

茶的制作方法如上所述。饮用方法便是《茶经》中所总结的《五之煮》《六之饮》。

在陆羽所在的年代，团茶制作占主流，除此之外还有《六之饮》篇中介绍的其他茶种类，即粗茶、散茶、末茶、饼茶。《一之源》篇中写道"茶是南方的树木"，只能采于南方，运到北方的茶一定是团茶。因为叶茶、散茶量大不便运输，而团茶方便运输，易于保存。在茶产地（上海、苏州、杭州等地）饮茶的人没有必要专门饮用团茶。在这些地方饮用的是散茶，将茶叶直接干燥即可。但是，无论哪种茶，首先要将其采摘回来，然后煎、烘焙、捣碎，装进缸里保存。团茶、末茶、散茶，均要在饮用时研磨成粉状。

陆羽的《茶经》中，药研是石头做的，而法门寺的药研是镀了金的银药研吧。

另外，使用同样有花纹的盒子保存磨好的粉，如同现在使用罐保存抹茶一样。把其舀出入锅，使用的器具是银勺。

这样，团茶、叶茶饮用时呈粉状，均变为抹茶，使用称作"鍑"的锅煎煮。煮茶的炉子叫"风炉"，与现在的炉子不大一样，有三只脚，在上面放锅。

待镁中汤沸，将抹茶放入茶碗，以汤浇覆之。但在唐代并非如此，镁中直接放入粉末茶，后放入大葱、生姜、枣、橘皮、茱萸、薄荷等，再放入盐搅拌之。本次展览还将这种混合的茶分盛在琉璃碗中供大家品尝。但是，陆羽认为如果这样，就算是特意采摘了上好的茶来煎，也会没有了茶味，完全如同泔水一般。因此，陆羽说绝对不能放入破坏茶味的东西。因要品的是茶味，放入茶叶后只放盐即可。现在，在京都一带，饮焙茶时有些人也放入少许的盐，这与陆羽所讲的饮茶方法一致。

这样，唐代茶即把茶粉末放入开水锅中烧开，是煎茶。现在通常所谓的煎茶，并不是真正意义上的煎茶，是淹茶或者是烹茶。煎茶必须经过煮，现在的煎茶因为不煮，不能认为是真正意义上的煎茶。

煎茶的传入与僧人都永忠

唐代的煎茶于平安时代传入日本。最澄、空海等遣唐使乘坐的 4 艘船，于延历二十三年（804）七月从肥前国田浦出发。一行人到达长安之后，十二月二十四日向德宗皇帝进献了国书和贡品。次年二月十日从长安出发踏上归途，其中，有和最澄同船、已在唐 30 余年的西明寺老僧都永忠。入唐 30 多年，若当时是 20 多岁的年轻人，此时已是 60 岁左右的老人了。他虽然在日本并没有得到很高的评价，但他已将中国佛教的根本理念融会贯通，学识渊博。而对这一点最为了解的莫过于最澄本人。归国后，都永忠虽做了最澄的弟子，却奉命进入桓武天皇创建的近江国梵释寺，之后荣升大僧都之位，没于弘仁七年四月，享年 73 岁。

虽然，人们普遍认为唐代茶法最初是由最澄传到了日本，但是，在唐仅一年的最澄虽饮过茶，却对中国茶的制造工艺和器物不一定有深入了解。将中国佛教思想、唐代的茶法和制茶法传授给最澄的，除了都永忠别无他人。在最澄所建比叡山延历寺以北、临琵琶湖的坡地上栽种茶树，也是在都永忠指导下进行的。据说这就是日本最早的"日吉茶园"。

茶究竟是以树苗还是种子的形式传入日本？相信只能是树苗。为什么？因为茶不能分株。日本人将茶作为礼品回赠，一般有两种情况，一个是葬礼，一个是结婚典礼。结婚典礼一般是嫁女儿家赠送，寓意女儿嫁到别人家后，不再回来。葬礼时送茶，寓意到黄泉之国之后，不再返回。日本人认为万物皆有灵，人可以感觉到灵魂。语言也有灵性，不正因为说了我爱你，大家才结的婚吗？语言有震撼人心的力量。土地也有灵性，就是希望灵魂不要从彼岸返回，才要让拿上茶。

从播撒茶种到能够采摘大概需要 5 至 7 年时间。日本饮茶资料最早出现于《日本后纪》弘仁六年四月二十二日的记述，上面记述了某日嵯峨天皇来访滋贺的韩琦，来到梵释寺时，大僧都永忠进献了自己亲手制作的茶。把团茶做成粉末后，在煮沸的开水锅中放入抹茶，然后倒入茶碗中，都永忠将此法所煮的茶进献给了天皇。

从煎茶法（唐）到点茶法（宋）——制茶方法的变迁

综上所述，平安时代的制茶方法是煎茶法。发展至现在的点茶法则始于宋代。荣西写了《吃茶养生记》，因此人们普遍认为是荣西带回了宋代的抹茶法，其实并非如此。宋代的茶不可缺少的是建盏（建盏传入日本，被称作"天目"）。根据博多湾的发掘，可以了解到，建盏应该是在 11 世纪到 12 世纪初被大量进口到日本。

宋代福建大量制造黑釉茶盏，这是因为宋代非常流行斗茶。斗茶的同时，与唐代不同的是，宋代人更喜欢白茶。白茶与黑茶盏色调协调。

说起《茶经》时代的茶碗，要数越州（地属浙江省）的最好。书中写道，唐代越州的碗最好，此外还有"鼎州、婺州、岳州、寿州、洪州"。而且，"邢州茶盏是白色，茶是赤色；越州是青色瓷盏，茶为绿色"。作为与茶相配的茶碗，唐代人比较喜爱青瓷。从这个意义上讲，本次展览最好能够展出秘色青瓷，但非常遗憾没能实现。法门寺中有大量的秘色青瓷。唐代人使用青瓷，以煎茶法饮茶；但是到了宋代，喜欢的茶色发生了变化，这与饮茶方法有很大关系。陆羽死后，从中唐到晚唐，制茶和饮茶方法也发生了变化，最明显的就是从煎茶法变为了点茶法。即从原来把团茶碾碎、制成抹茶、放入锅中煮的煎茶法，变为将抹茶放入碗中注入热水的点茶法。唐末苏廙所写《十六汤品》的第四品叫作"中汤",将团茶制成抹茶入盏注汤时,要不急不缓。而且,北宋仁宗、英宗时期的忠臣蔡襄(1012—1067)在《茶录》中写道,用一铜钱大小的勺,舀取抹茶放入碗中,先注入少许热水搅拌,再继续添热水搅拌均匀。

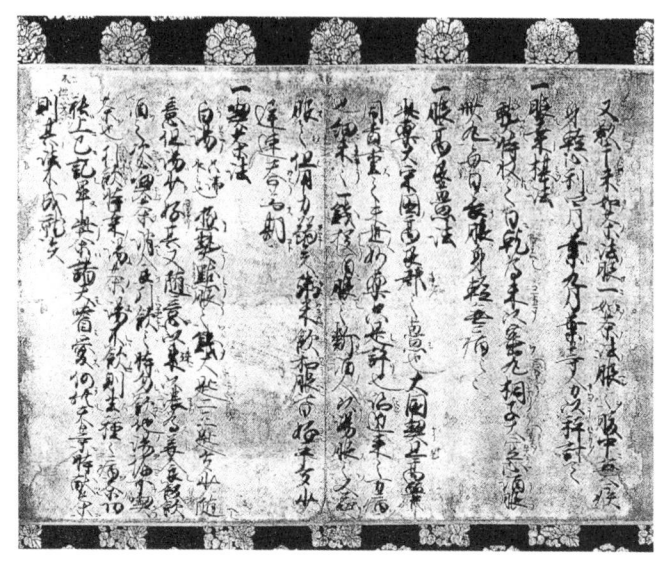

图 7-8 《吃茶养生记》(日本南北朝刻本,伴实氏藏)

那时,茶以白色为上乘,所以使用的茶碗以黑色最为协调。建窑烧出的茶盏,其表面有像兔毛般的藏青和黑色纹理,质地厚,易于保温,因此,品相非常好。北宋第八代皇帝徽宗在大观年间(1107—1110)所著的《大观茶论》,其中记述了同样的内容。人们之所以开始喜欢黑茶盏,缘于建安人流行斗茶。斗茶时人们喜欢白茶,若茶盏也使用白色,这样以白对白,看起来毫无茶香,因此还是黑色茶盏较好。这就是当时宋代的情况。宋代因流行斗茶,故与将茶放入锅中搅拌的唐代制茶法完全不同。北宋使用团茶,南宋之后主要是叶子茶,即以散茶为主。

最后,还有一点需要明确,即中国人如何看待从制茶到饮茶的茶道,这关系到日本如何来把握茶道。之前,人们大多认为"宋代制茶从唐风的团茶法变成了抹茶法"。因此,"平安时代吸收接纳了唐代的团茶法,而到了镰仓时代,荣西传入了抹茶法"。但是,正如前文所述,即使唐代是以团茶制茶为主,自北宋至南宋时代以叶茶制茶为主,但到了饮茶环节,茶均变为了抹茶。因此,认为唐代即为团茶法、宋代即为抹茶法,这样的认知有偏差。唯一的区别就在于唐代采用煎茶法,而到了宋代就不再是将茶粉放入锅中,而是放入碗中注入开水。且北宋时期是用筷子搅拌,到了南宋终于出现了茶筅,并开始用茶筅进行搅拌。搅拌方法虽然是从北宋的筷子搅拌变为南宋的茶筅搅拌,但开水同是向一处注入,所以,称这种方法为点茶法。"点"即现在的"冲""泡",将水注入一处即"点"。唐代若称之为煎茶法,那么到了宋代就不得不称之为点茶法。制作原料,唐代是以团茶为主,北宋同样是团茶。

到了南宋变为叶茶。所谓南宋,即都城从北方的开封迁往了南方的南京、杭州一带,所以,茶叶便不需要运送,直接将茶叶做成茶粉。最初使用药研,之后使用茶碾制作茶末,虽然这两种方法不同,但在制作粉末这个意义上来讲相同。

综上所述,日本并不是平安时代从唐学习了"团茶法"、镰仓时代从宋学习了"抹茶法"。从"饮茶"的角度上讲,笔者认为应该是平安时期从唐引入了"煎茶法",平安末至镰仓时期从宋引入了"点茶法"。若非如此,从"制茶"的角度来看,也许应该是平安时期引入了"(蒸制)团茶",镰仓时代引入了"(蒸制)叶茶"。本文最终也未得出一个完整的结论,非常感谢各位莅临垂听。

长安——绚烂的唐都

最后的遣唐使

渡边信一郎

日本自延历十三年（794）迁都平安京，至宽平六年（894）决定废止遣唐使制度，共100余年的历史。其间日本两次派出遣唐使，一次是延历年间（总第18次），另一次是承和年间（总第19次）。承和年间的派遣，事实上成为了自舒明二年（630）首次派出遣唐使以来的最后一次，它标志着持续了260年之久的日本遣唐使制度的终结。

迁都平安京之后，虽然仅派出过两次遣唐使，但是意义重大。因其中包括了空海（弘法大师）等诸多佛教僧侣，他们系统地学习了当时在大唐亦属最新佛教的密教。这对后来日本佛教史乃至政治、文化史，都产生了不可估量的影响。

密教是佛教宗派的一支，于7世纪后半叶起源于印度。密教经典译为汉文并为中国系统性接受，是在唐玄宗至代宗时期。公元8世纪左右，印度僧人金刚智（669—741）和西域僧人不空（705—774）将密教传入了大唐。在中国，承和遣唐使返回日本后不久，便发生了"会昌灭佛"的毁佛事件。佛教及诸多外来宗教，均遭受了灭顶之灾，开始迅速衰落，密教自然也不例外。甚至印度的佛教，在12世纪也开始衰落。所以，除了藏传佛教仍具有一定的密教色彩之外，完整传承了密教体系的唯有日本。9世纪前半期，密教传入中国被接纳吸收直至衰退，此时期正值日本迁都平安京后两次派出遣唐使，这从对密教接受的角度来讲，正处于其鼎盛时期。

平安初期到中国学习密教、学成回国的僧侣,史称"入唐八家"。其中,空海和最澄(传教大师)最为有名,此外还有圆仁、圆行、常晓、圆珍、惠运和宗睿。八人当中,空海和最澄是延历年间派出的遣唐使;圆仁、圆行、常晓乃承和年间派出的遣唐使。这五人当中,与遣唐大使一道以正式使节团员身份出使长安的只有空海和圆行两人。空海的情况想必大家均比较熟悉,在此便不再赘述。下面,参照日本京都紫野大德寺所藏经典的文末批语,介绍最后一次遣唐使成员之一圆行(799—852)的有关情况。

从出发到入长安城

首先,结合表8-1和图8-1,简单概括最后一次遣唐使的行程及其任务完成情况。

表8-1 承和(第19次)遣唐使的行程

承和元年(834) (唐大和八年)	正月十九日	任命遣唐使。持节大使藤原常嗣、副使小野篁,4名判官,3名录事
承和二年(835) (唐大和九年)	三月二十一日	空海没
承和三年(836) (唐开成元年)	四月二十八日	赐入唐大使节刀
	五月十三日	4艘遣唐使船发难波津
	七月二日	4艘遣唐使船发自博多,但均漂流、遇难,第三艘破损,25人生还,死者及失踪者100余人
	九月十五日	遣唐大使、副使等由大宰府还京,返还节刀

续表

承和四年（837）（唐开成二年）	三月十五日	赐入唐大使节刀
	三月十九日	遣唐大使藤原常嗣，由鸿胪馆出发赴大宰府
	三月二十四日	副使小野篁，由鸿胪馆出发赴大宰府
	七月	3艘遣唐船出发，但均漂流。第一船和第四船漂至壹岐，第二船漂至值贺岛
承和五年（838）（唐开成三年）	四月二十八日	朝廷派出劝发遣唐使藤原助，督促发船（以上据《续日本后纪》）
	六月十三日	遣唐使第一船、第四船诸使登船（据圆仁《入唐求法巡礼行记》，圆仁在第一船，圆行在第四船）（以下未标注事项均据《入唐求法巡礼行记》）
	六月二十二日	劝发遣唐使藤原助报告，遣唐副使小野篁称病未出发（《续日本后纪》）
	六月二十九日	第一船漂至扬州海陵县近海，大使下船，七月一日于海陵县淮南镇大江口登陆
	七月二日	圆仁等第一船剩余27人，于海陵县白潮镇桑田乡东梁丰村登陆
	七月五日	大宰府报遣唐第一、四船赴唐（《续日本后纪》）
	七月二十五日	大使一行到达扬州
	七月二十九日	大宰府报，遣唐第二船赴唐（《续日本后纪》）

续表

承和五年（838）（唐开成三年）	八月一日	大使谒见扬州府都督李德裕
	八月十日	第一船新罗语翻译金正男，接第二船到达海州之报
	八月二十四日	第四船判官以下成员，分乘30艘小船到达扬州
	十月五日	大使、圆行等35人，乘官船5艘发扬州，向长安
	十二月三日	一行到达长安，入长兴坊礼宾院（《入唐求法巡礼行记》《请来目录》）
	十二月十五日	未乘船渡唐的遣唐副使小野篁被发配隐岐（《续日本后纪》）
承和六年（839）（唐开成四年）	正月一日	于大明宫含元殿参列朝贺之仪
	正月十三日	入京使节团于麟德殿，与南诏国等五国使节一同谒见文宗（《入唐求法巡礼行记》）
	闰正月四日	入京使节团离开长安（《入唐求法巡礼行记》）
	二月十二日	到达楚州
	三月十六日	逃跑而未乘船渡唐的知乘船事伴有仁、刀岐雄员、佐伯安道、志斐永世等，被发配左渡岛（《续日本后纪》）
	三月二十二日	遣唐第一、四船，备9艘新罗船，发楚州
	四月五日	9艘遣唐新罗船，于海州东海山出发踏上归途，但遭遇逆风，漂至密州大珠山等地
	四月十三日	遣唐第二船，于海州东海山出发踏上归途，但十七日漂至登州牟平县唐阳陶村南的海岸

续表

承和六年（839）（唐开成四年）	六月七日	遣唐第二船，停泊赤山浦
	六月十五日	遣唐第二船出发踏上归途
	六月二十一日	9艘遣唐新罗船，停泊赤山浦
	六月二十二	9艘遣唐新罗船，夜半出发踏上归途
	八月十四日	大宰府报，大神宗雄所乘之新罗第六船归国（以下据《续日本后纪》）
	八月二十四日	大宰府报，大使及其他人员所乘共7艘新罗船归至松浦郡生属岛
	九月十六日	遣唐大使藤原常嗣，进节刀
	九月十七日	大使藤原常嗣于紫宸殿奏大唐国敕书，作归国汇报，并得慰劳
	十月九日	大宰府报，山代氏益所率之新罗船归博多
承和七年（840）（唐开成五年）	四月八日	大宰府报，遣唐第二船知乘船事菅原梶成等，乘小船到达大隅国（遇逆风漂至南海，与当地贼人发生战斗。后与良岑长松等，集破船材木造舟1艘，才得以归国）
	四月二十三日	藤原常嗣没
	六月十八日	大宰府报，遣唐第二船准判官良岑长松等，乘小船抵达大隅国
承和十四年（847）（唐大中元年）	十月二日	遣唐天台请益僧圆仁及弟子2人，随唐人（新罗人）42人自唐归国

最后的遣唐使

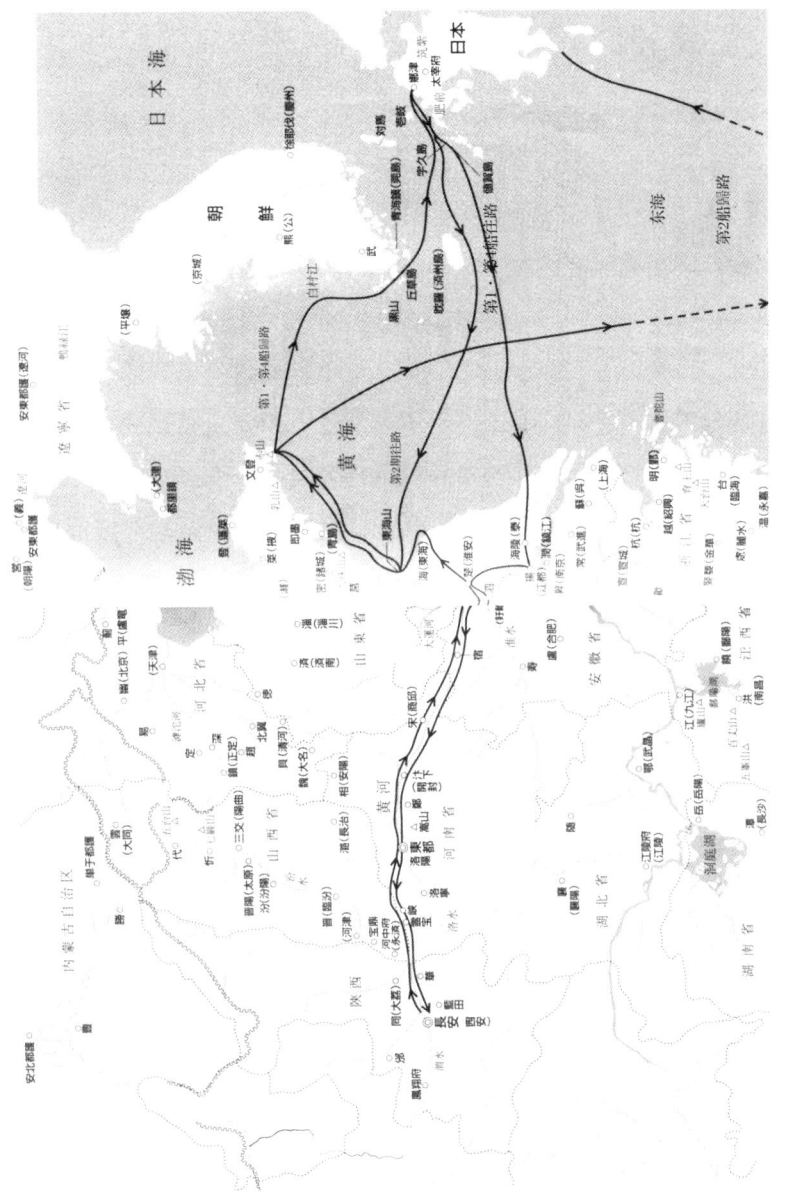

图8-1 承和遣唐使行程
(参照小野胜年《〈入唐求法巡礼行记〉的研究》第一卷附图绘制而成)

此次遣唐使，正式受命于承和元年（唐大和八年、834）正月十九日，藤原常嗣、小野篁分别出任大使和副使。此后陆续指派，最终组成了一个由4艘船、计600余人构成的规模庞大的使节团。此次遣唐使节团，整个行程困难重重、充满艰险，仅出发就经历了两次失败，第三次才真正成行。承和三年（唐开成元年、836）第一次出发，4艘船均遭漂流、遇险，尤其第三艘船，船只完全破损，生还的仅有25人，死亡或失踪达百余人。承和四年（唐开成二年、837）第二次出发，破损的第三艘船未经修复，其余三艘起航，却偏离了航线，结果第一、四艘船漂流至壹岐，第二艘船漂流至值贺岛。

承和五年（唐开成三年，838），朝廷派催促派遣遣唐使的藤原助至大宰府，经其半强迫式督促，使团终于于当年六月第三次尝试驶离日本。第一艘和第四艘船同行，六月底相继漂流至扬州海陵县近海，大使于七月一日登上海陵县淮南镇大江口海岸。七月二十五日，第一艘船的使节成员到达扬州；八月二十四日，登陆延迟的第四艘船，包括判官在内的使节团成员，才分乘30艘小船抵达扬州，与大使一行汇合。第二艘船单独航行，起航延迟，不久抵达海州。不过，第二艘船的遣唐副使小野篁，称病拒绝登船。此外，拒绝登船、逃逸者，有知乘船事伴有仁、刀岐雄员、佐伯安道、志斐永世等人，之后均被朝廷判罪流放。

同年十月五日，使节团中被允许进京的大使，包括圆行在内的35人，分乘5艘官船驶离扬州，十二月三日抵达长安，入住接待外国使节团的长兴坊礼宾院。至此，距离当初遣唐使任命之日，已经过去了整整5年！

次年承和六年（唐开成四年、839）元旦，虽无确切史料记载，但普遍认为遣唐使一行应参列了大明宫含元殿前举行的元会仪式。元会仪礼，即元旦举行的国家仪式，是对皇帝所支配时间和空间再确认的一个仪礼，不仅包括皇帝与官僚之间的君臣关系，甚至还包括周边诸民族与唐王朝之间的从属关系，是皇权再确认的一项极为重要的政治活动。对于日本派遣遣唐使的目的，众说纷纭，例如收集东亚局势情报信息、引进先进的唐文化等。在唐王朝看来，使节团是为了表明臣服于大唐，进贡物品、参加元会仪式便是其诚意的最好体现。因此，延历时期的遣唐使为了参加元会仪式，自福州至长安7520里（约4200千米）的路程，以日行90千米的惊人速度，自11月3日至12月21日，历时49天，日夜兼程抵达长安，才勉强赶上在含元殿举行的元会仪式。

正月十三日，进京使节团同南诏国等5个国家的使节一起，在麟德殿拜谒了文宗。这是皇帝向前来朝贡的国家表示慰劳的仪礼，在当时的国定仪式书《大唐开元礼》等中均有记载。因此可推测出，承和时期的遣唐使节团应参列了元会仪式。

返程途中的悲剧——三分之一人员遇难

入京使团参加元会仪式，重新确认过与唐之间的外交关系，其入唐的使命就算完成。他们于闰正月四日离开长安，二月十二日到达楚州，在此与之前留在扬州的人员会合。在楚州稍作休整，放弃了登陆时因触礁而损坏的船只，重新备新罗船9艘，于三月二十二日离开楚州，踏上了归途。

从楚州出发的遣唐使一行，先向淮水下游行进，出海后沿海岸向北，到达海州东海山（岛）。四月五日，这支由原遣唐第一、第四船成员组成的9艘遣唐新罗船队，开始尝试向朝鲜半岛航行。不幸的是，不久便遭遇了逆风，船只相继漂流至密州大珠山（岛）附近。

而原到达海州的遣唐第二船，也于四月十三日由海州东海山启程回国。但十七日被风吹至登州牟平县唐阳陶村南的海岸。之后，第二船沿山东半岛海岸航行，六月七日到赤山浦停泊休整，十五日起航回国。

9艘遣唐新罗船，也于六月二十一日到达赤山浦，二十二日夜半便启程回国。赤山浦是新罗人的居住地，新罗人入唐均在此停靠。第二艘船的航行情况，也是通过新罗语翻译通报。由此可见，承和遣唐使实际上是依靠新罗人的关系进行活动。遣唐使船要先在海州东海山或赤山浦集合，然后启程回国。这说明几艘船之间是通过新罗人互通信息，由他们进行一些联络，并统一协调管理。不过，从出发到回国的全程，第二艘船始终没有与第一、四艘船会合，一直单独行动。之后，第二艘船发生了更大的悲剧。

重整旗鼓第二次归国航行的 9 艘新罗船，运气不错。大神宗雄率领的新罗第六船率先回到日本；接着，大使及其他人乘坐的 7 艘新罗船，也于八月下旬之前陆续回国；由山代氏益所率的最后一只新罗船，也于十月初回到了博多。大使藤原常嗣回到京都后，于九月十六日向天皇奉还使节刀；十七日于紫宸殿上奏大唐国敕书，正式向天皇进行汇报，天皇亦赐宴慰劳。至此，遣唐使的使命基本完成。但是，先于大使一行离开赤山浦的第二艘船，却仍还未回到日本。

原来，遣唐第二艘船启程之后，遭遇逆风，被吹至南海小岛之上。成员们与当地人之间发生了战斗，不少人丢失了性命。后来，经历过拒登船事件的菅原梶成与良岑长松等，收集破损船只的材木新造一艘船，再度起航。但途中也许又遭遇了事故，回到日本时变成了两只小船。承和七年（840）四月，菅原梶成等乘坐的小船先到达了大隅国；六月，良岑长松等乘坐的小船才到达该地。

回顾整个承和遣唐使团出使过程，情况可梳理如下。由 4 艘船、600 余名成员组成，因第一次渡海失败，第三艘船破损，第一、第四艘在中国上海登陆时触礁损坏，第二艘也在回国途中漂流至南海毁坏，四艘船均以毁坏而告终。另外，第二、第三艘船的成员大部分丧生；第一、第四艘船中，也有人客死在异国他乡——唐朝。这样，一个由 600 余人组成的规模宏大的遣唐使节团，最终陷入近三分之一人丧生的悲惨境地。

在此状况之下，真言请益僧圆行，就不能仅用"幸运"一词来形容他了。他作为 35 个入京使节团成员之一，不仅到达长安，且平安返回日本。同为遣唐使入唐僧侣，有三轮留学僧常晓，他在扬州学习了降服内外之敌的魔咒"大元帅法"；也有天台请益僧圆仁，他未与大使一行一起行动，在唐滞留 9 年 7 个月，带回大量经典，写下《入唐求法巡礼行记》四卷。与他们相比，回国后并未有出色表现的圆行为何能抵达长安？他停留在长安期间又留下了怎样的足迹？笔者希望就此问题进一步挖掘。解开此问题的关键，便是日本京都紫野大德寺经藏中，一部名为《菩提场所说一字顶轮王经》的抄本。

紫野大德寺经藏与大唐青龙寺东塔院

图 8-2　大德寺经藏

（1）紫野大德寺经藏与《菩提场所说一字顶轮王经》

谈及大德寺，人们一般会联想到一休、千利休、茶道等。此禅宗寺院与唐朝有怎样的关系？

1982 年，日本政府对大德寺经藏堂进行了整修，京都府教育厅文化财保护课、教育委员会发表了报告书。经藏堂指收藏全部经典的书库。通过此次修整，得知现在的大德寺经藏堂，是宽永十三年（1636）由一位叫那波宗旦的播磨（地名）富商捐资修建的。调查结果显示，经藏内一共收有经典约 3500 册，其中有一半是平安时代后期至镰仓时代的抄本。古抄本中约四成，都盖有"高山寺"朱泥水印，这些应该是经藏建立时由高山寺所赠。

图 8-3　大德寺经藏内部（京都府教育厅文化财保护课提供）

古抄本中保存有一部平安时代末期的抄本，即大唐青龙寺东塔院本《菩提场所说一字顶轮王经》。密教经典《菩提场所说一字顶轮王经》五卷（《大正新修大藏经》卷19所收），是唐天宝十四载（755）即著名的安史之乱爆发之年，由不空三藏汉译而成。大德寺经藏本不是全本，只有第一、四、五卷三册收于高字号经柜中。笔者曾亲眼所见，是25厘米×11.3厘米大小的经折本。第一卷的封面纸背，印有古活字版《汉书》，很稀有。据推测，这是宽永十三年建经藏堂之际由卷子本改装而成。

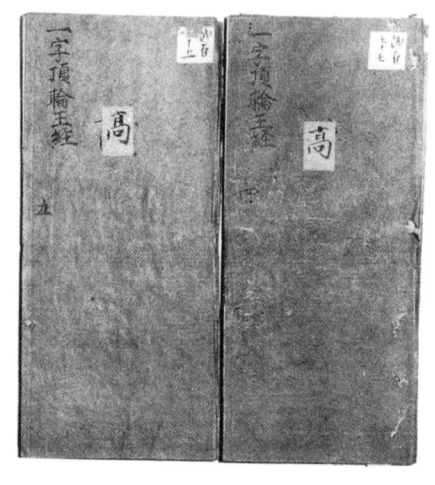

图 8-4　《菩萨场所说一字顶轮王经》第四、五卷封面（日本大德寺藏）

通过仔细分析发现，第一卷末尾有批语"一校了"；第四卷末尾有批语"永久五年三月卅日奉书写了，佛子念范"；第五卷末尾批语"大唐青龙寺东塔院教本开成四年闰正月三日写/校了/愿主念范"。永久五年（1117）相当于平安时代后期。三卷之中，至少第五卷是由大唐青龙寺东塔院所藏的教本传抄而成。而且"开成四年（839）闰正月三日"，正是承和遣唐使离开长安的前一天，由此可确定青龙寺东塔院教本是由他们带回日本的，这一点毋庸置疑。

抄写者念范（1088—?），也是一位值得关注的人物，他是东密三十六流中"劝修寺流念范方"的祖师。据史料记载，念范在30岁前的几年，曾是圆成寺的学徒，主要任务就是抄写经书，这部大德寺经藏本《菩提场所说一字顶轮王经》也是其中之一。史料中念范最后一次出现，是仁平四年（1154）二月二十七日，当时他是"安乐寿院不动明王堂供僧、东寺阿阇梨"，估计在此不久之后他便圆寂了。笔者比较惊讶的是，这部抄本竟然来自平安末期著名僧侣、东密中一派的开创者之手。

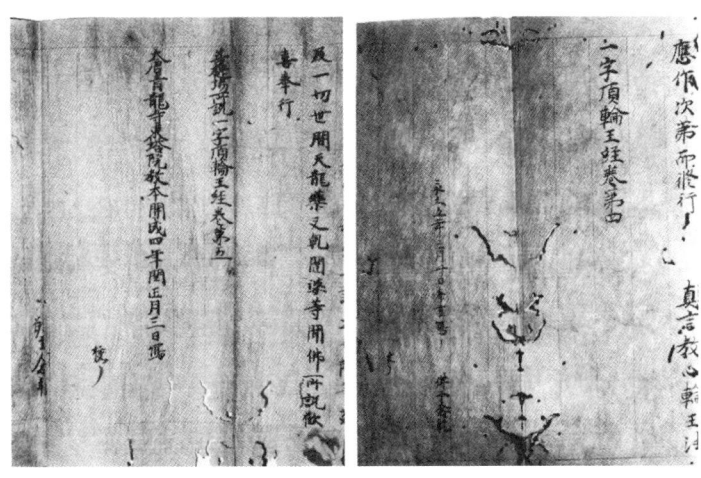

图 8-5　《菩提场所说一字顶轮王经》第四、五卷批语（日本大德寺藏）

　　《菩萨场所说一字顶轮王经》的古抄本数量众多，据笔者调查，13 世纪前的抄本共有 8 种。这部大德寺经藏本，年代仅次于最古老的宫内厅书陵部藏、仁和三年（887）的抄本。但是，从传承的正统性来讲，大德寺经藏本《菩提场所说一字顶轮王经》才最为古老。无论是抄写者念范，还是其所依据的经典原本，其传承关系皆非常清晰。总之是一部非常值得关注的经典。下面，以批语中出现的大唐青龙寺东塔院本《菩提场所说一字顶轮王经》为线索，追溯承和遣唐使在长安的一些活动。

　　（2）大唐青龙寺东塔院及东塔院相关诸抄本

　　青龙寺位于长安城左街（东街）新昌坊，其前身是隋文帝开皇二年（582）所建的灵感寺，唐高祖武德四年（621）一度被废，高宗龙朔二年（662）重建，名观音寺，睿宗景云二年（711）更名为青龙寺。武宗会昌五年（845）灭佛运动时，青龙寺再次遭到毁坏，但灭佛运动结束后，会昌六年又恢复重建，改名为"护国寺"，宣宗大中九年（855）改回青龙寺，北宋哲宗元祐元年（1086）以后成为废寺。

　　根据 1973 年对青龙寺的考古发掘，研究者逐渐明确了一些关于青龙寺的基本事实。如其面积约占新昌坊的四分之一，方位大概在被"十"字形街道隔开的坊内东南角。发掘以寺域西北部为主，现已确认门、塔、殿等遗址共 7 处（请参照图 3-19；中国科学院考古研究所西安工作队：《唐青龙寺遗址发掘简报》，《考古》1974 年第 5 期；马得志：《唐长安城发掘新收获》，《考古》1987 年第 4 期等）。现在的青龙寺遗址上，建有空海纪念碑和惠果空海纪念堂。

东塔院，在建寺之初并未设立，而是大历十年（775）唐代宗为惠果而特别建立的。因为考古发掘的对象主要是寺域西北部，因此东塔院的位置至今还没有得到确认。东塔院堪称当时的密教中心，慕名而来向住持惠果学习的僧侣络绎不绝。国内僧人自不必说，还有如诃陵国（爪哇岛）的辨弘，新罗的惠日、悟真以及日本的空海等国外僧人（见《大正藏》卷 50《大唐青龙寺三朝供奉大德行状》）。可以毫不夸张地说，日本的密教就来源于青龙寺东塔院。

除大德寺经藏本《菩提场所说一字顶轮王经》外，日本另外一些传世经典上也有关于东塔院"一切经"的记载，现一并罗列如下：

【日本现存东塔院相关诸本及抄本】

1. 石山寺藏《苏婆呼经》卷下，卷末有"大唐青龙寺东塔院一切经教本/开成四年正月廿八日写记"。

2. 反町茂雄藏《苏婆呼童子经》卷下，卷末有"大唐青龙寺东塔院一切经教本/开成四年正月廿八日写讫"。

3. 猪熊信男藏《秘藏记》一帖，卷末有"大唐青龙寺东塔院承袭传五部金刚界持念沙门文秘奉上日本国传灯大德阿阇梨共为授，开成四年正月卅日寄上"。

4. 石山寺藏《金刚界梵号》一卷，卷首有"金刚界梵号，大唐青龙寺东塔院承袭传五部金刚界持念沙门文秘奉上日本国传灯大德阿阇梨等共为授持"。

5. 大德寺藏《菩提场所说一字顶轮王经》卷第五，卷末有"大唐青龙寺东塔院教本开成四年闰正月三日写/校了/愿主念范"。永久五年（1117）抄本。

6. 高山寺藏《菩提场所说一字顶轮王经》卷第四，卷末有"大唐青龙寺东塔院教敕一切经/开成四年闰正月日写"。保延三年（1137）抄本。

7. 高山寺藏《菩提场所说一字顶轮王经》卷第五，卷末有"大唐青龙寺东塔院教本开成四年闰正月日写"。

8. 日本大藏经所收《结缘灌顶次第记》，卷末有"开成四年闰正月青龙寺东塔院义真录记之"。

由上述批语中的日期（开成四年正月至闰正月三日之间）可以判断，这些教本都是在一段特定时期内所完成。正如前文所述，这一时期恰恰与承和遣唐使滞留长安的时间相一致！僧人圆行就是当时入京的这35名使节团成员之一，据其回国后所著《将来目录》记载，圆行于开成元年正月十三日，得到敕命准许入青龙寺；闰正月二日，受东塔院义真授阿阇梨位灌顶，携69部共125卷经书回国（《灵岩寺和尚请来法门道具等目录》）。具体包括：新请来真言经法记26部33卷；梵字3部4卷；显教经论疏章等计40部88卷。以上共计69部，125卷。由此可以断定，上述标注日期为开成四年正月至闰正月三日之间的青龙寺东塔院诸本，皆由圆行带回日本。

结合史料分析上述批语，这些青龙寺东塔院诸本可分为如下三类：

A. 圆行留住东塔院的20日之内，雇人抄写的（见《入唐求法巡礼行记》卷一开成四年二月二十日条）《苏婆呼经》（1和2）。

B. 正月三十日，作为对日本东大寺来信的回礼，单独呈上的（见《弘法大师行化记》)《秘藏记》（3）和《金刚界梵号》（4）。

C. 闰正月三日临别受赠的金刚灌顶真言经法计50卷（《弘法大师行化记》)。

大德寺经藏本《菩提场所说一字顶轮王经》，因卷末有"大唐青龙寺东塔院教本开成四年闰正月三日写"，所以可以认定为C类，即圆行回国之际东塔院赠予东寺的"金刚灌顶真言经法计50卷"中的一部分。大德寺经藏本中含有"闰正月三日"的日期记录，可以说是非常重要的资料。

圆行入唐

综上所述，在此对圆行作为遣唐使的整个入唐经历作一总结。

圆行最初并未名列承和年间派出的遣唐使之中。当时真言宗的使节团成员只有"真言请益僧真济"和"真言留学僧真然",这两人乘坐的第三艘船首航就遭遇海难,但真济和真然与其他23人均得以生还。根据太政弁官局的指示,最后由圆行代替二人赴唐(《平安遗文》卷八承和四年一月九日《僧实惠上表案文》、佐伯有清《最后的遣唐使》)。

圆行赴唐之际,东寺的实惠、真忠、真泰、呆邻、圆明、忠延、真济、真雅等八位长者,为"谨献大唐青龙寺阿阇梨故法讳惠果和尚坟墓,遥申孙弟之礼",将一封承和四年四月六日写的书信以及夏法服、美浓纸、播州纸、剃刀子、黄绢等信物托付给了他(《弘法大师行化记》)。显然,圆行此次赴唐的目的,就是代表上述八位僧人去祭拜祖师惠果和尚的坟墓,所以,墓址所在的长安便是他必然的目的地。

根据上文所述,圆行赴唐,是与常晓一道。他们乘坐第四艘船,登陆后先到扬州,与先期到达的第一船大使一行汇合。之后,圆行作为35个上京使团的成员之一,于十月五日离开扬州。开成三年(承和五年、838)十二月三日,入京使团到达长安东郊的长乐驿,在此受到了皇帝敕使的迎接,入城后入住左街长兴坊的礼宾院(《入唐求法巡礼行记》卷一开成四年正月二十一日、《灵岩寺和尚请来法门道具等目录》)。

圆行到长安以后,通过大使藤原常嗣,再三提出去青龙寺的申请,但始终没有得到准许。直到开成四年(承和六年、839)正月十三日,使节团一行25人于麟德殿谒见过文宗皇帝,圆行才得到允许去青龙寺的敕命(《入唐求法巡礼行记》卷一开成四年二月二十五日、《灵岩寺和尚请来法门道具等目录》)。当日,圆行便前去祭拜了位于东郊浐水边表蔺村的惠果墓(《大唐青龙寺三朝供奉大德行状》),完成了他此次入唐的最大使命。此后,一直到离开长安的20天之内,圆行雇用了20位抄经人致力于经书的抄写(《入唐求法巡礼行记》卷一开成四年二月二十五日)。

正月十五日,权倾一时的宦官左街功德使(长安城东部宗教行政长官)仇士良和左街僧录体虚,在青龙寺为圆行举办了一场辩论会,并邀请保寿寺常辩、章敬寺弘辩、招福寺齐高、兴唐寺光显、云花寺海岸、青龙寺圆镜等6名高僧出席,就教义进行了辩论(《灵岩寺和尚请来法门道具等目录》)。仇士良和青龙寺上座圆镜赐予了圆行内供法讲论大德之位以及冬法服、布匹等(《大日本佛教全书》所收《入唐五家传》之《灵岩和尚传》)。本次讨论会,在《灵严寺和尚请来法门道具等目录》中有详细记载,对圆行而言,这是旅居长安最难忘的日子。此后,圆行从师青龙寺东塔院座主义真,学习胎藏界法,进行了15天的修行(《入唐求法巡礼行记》卷一开成四年二月二十五日)。但由于时间关系,圆行此次并没有学习密教的另一大法"金刚界法"。

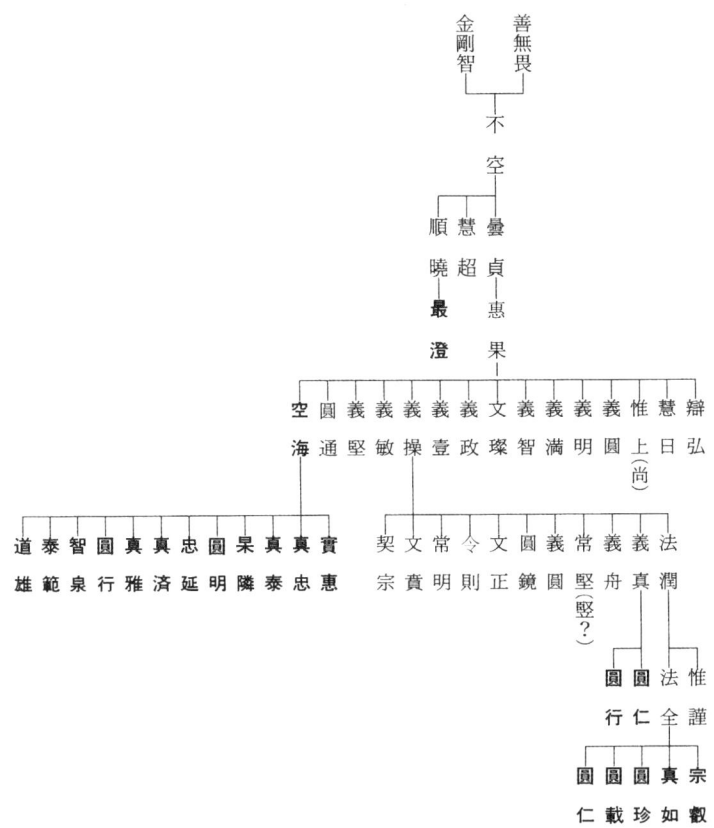

图8-6 空海等受法系谱

(转载自小野胜年《中国隋唐长安·寺院史料集成》解说篇)

正月二十二日，圆行将赴唐前东寺实惠等 8 位和尚托给他的书信、信物等呈于青龙寺僧侣；正月三十日，青龙寺上座圆镜等 10 位僧人又将书信和还礼托付给了圆行（《弘法大师行化记》）。此外，根据本章所列举的日本古抄本中的批语，这天东塔院文秘还另外送给了圆行《秘藏记》和《金刚界梵号》等书籍。

闰正月二日，在使节团临近回国之际，圆行得义真受阿阇梨位灌顶（《结缘灌顶次第》《灵岩寺和尚请来法门道具等目录》）；翌三日，义真等 10 人赠予其金刚顶经真言教法 50 卷及信物等 19 种。其中的五钴铃、三钴杵、独钴杵这 3 种法具，乃惠果当年所持，希望此次回国得以供奉于空海塑像前。剩下的教法 50 卷及 16 种信物，则赠予了圆行及实惠等 8 人（《弘法大师行化记》）。闰正月四日，圆行由青龙寺移至礼宾院，准备离开长安回国（《入唐求法巡礼行记》卷一开成四年二月二十七日、《灵岩寺和尚传》）。

之后，如前所述，圆行跟随大使一行，乘新罗船只返回日本。关于圆行乘坐的是 9 艘新罗船只中的哪一艘？根据《请来目录》《灵岩寺和尚传》记载，圆行于十二月六日回本朝（到达平安京），十二月十九日上表。然而 9 艘新罗船中的前 8 艘，都早在九月便随大使回京了。所以，如果圆行乘坐的是先期到达的船只，不可能直至十二月十九日才上归国表，因此可以推测，圆行是跟随最后一艘新罗船上的山代氏益一行，即大宰府十月九日报来的那一批人一道归国的。并且，船上还载有上文提到的百余卷经书及法具等物。

笔者认为，圆行此次赴唐的目的，是带着东寺实惠等僧人的嘱托，前去参拜惠果的墓，并于墓前向他讲述日本密教从开始传播到空海去世期间的发展状况。作为大德寺经藏本《菩提场所说一字顶轮王经》等母本的青龙寺东塔院教本，也是圆行此行赴唐成果之一。仅以笔者小范围调查结果来看，东塔院教本的母本现在尚未发现，只有传抄本存世。

得京都大学砺波护赐教，牧田谛亮正组织力量对名古屋 7 座寺院古写经进行调查，此次调查中也有与东塔院教本相关的内容。相信经过多方搜寻，今后会有更多东塔院教本的古抄本面世，圆行带回国的母本或许也将被发现。东塔院教本在中国无疑早已失传，所以，如果能够将日本写经的图片或影印版整理好带往西安青龙寺遗址，供奉在惠果空海纪念堂前，则应该是最能向承和遣唐使，尤其是那200多位渡海牺牲者表达敬意之举。

【补记】

本稿完成期间，在提供资料和协助调查方面，得到了以前的同事京都府立大学名誉教授藤井学（奈良大学教授）、文化厅文化财保护部美术工艺课田良岛哲、京都府教育厅文化财保护课中尾正治等人的大力支持，在此谨表谢忱！

【主要参考文献】

1. 佐伯有清.最后的遣唐使.东京：讲谈社，1987.

2. 森克己.遣唐使.东京：至文堂，1990.

3. 东野治之编.遣唐使：在东亚视域中.大阪：朝日新闻社，1994.

4. 小野胜年.《入唐求法巡行记》的研究.铃木学术财团，1964.

5. 小野胜年.中国隋唐长安·寺院史料集成.京都：法藏馆，1989.

6. 京都府教育委员会.重要文化财大德寺经藏及法堂、本堂（佛殿）修理报告书.1982年.

7. 畅耀.青龙寺.西安：三秦出版社，1986.

译后记

《长安——绚烂的唐都》是 1994 年日本京都文化博物馆协同京都府，为纪念平安建都 1200 周年，举办盛况空前的"大唐长安展"之际，邀请日本多位知名学者，根据展览内容举行演讲，此后将其整理汇编而成。2022 年即将迎来中日邦交正常化 50 周年，在此重要时刻，喜闻这套丛书即将由陕西三秦出版社再版，不禁拍手称赞！希望两国在新的历史条件下，在更为广阔的领域，加强交流合作，文明互鉴、继往开来，构建不同文化间交流新模式，成为不同文化间交流的典范。希望此套丛书的出版能够为中日关系这一非常重要的时刻送去一份祝福。

作为古丝绸之路的起点、东西方文化交流的聚集地、世界文明古都之一、具有深厚历史文化积淀的古都长安，对东亚、西域乃至世界文明的进步产生过积极的影响。作为接受过中国文化深远影响的近邻日本，自 7 世纪中叶，就曾派出多达 19 批次遣唐使，从大唐吸收了包括城市建设、政治制度、先进技术、佛教等众多灿烂文化，极大地促进了日本社会的发展，成为中日文化交流史上的盛举。

翻阅此书目录，内容主要涉及"长安与平城京""中日都城——原型及其独立性""权力及宗教之都""地宫壁画""茶道"等。首先映入眼帘的是门胁祯二先生所写的《遥远的长安——遣唐使之旅》一文，思绪仿佛立刻被拉回到令人心驰神往的大唐盛世，眼前浮现出使臣、僧侣、学者、商贾、工匠等宾朋云集、车水马龙、熙熙攘攘、欣欣向荣的盛世景象。其中，有在中日文化交流史上受世人瞩目的吉备真备、阿倍仲麻吕、空海、最澄、圆仁等杰出人物，以他们为代表的众多遣唐使为日本社会进步、促进中日文化交流做出了卓越贡献。

日本学者以其独特视角再现了这一段历史，通过译介介绍给中国读者，或许还可为国内在此方面的研究提供些许参考，若能达此目的，则不胜欣喜之至，亦不枉为一名外语教学科研工作者对社会所应担负的责任。能够在中日文化之间架起一座交流的桥梁，亦不失为本套丛书编撰的初衷。

1998年7月—1999年6月期间，我曾有幸在京都橘女子大学（现改名为京都橘大学）学习进修一年，彼时门胁祯二先生便在该校担任校长。有幸能够在这个与长安有着非常深厚历史文化渊源的历史古都（古称平安京）所在地——京都学习，是多么有缘分和让人感到幸福的一件事！故而一种莫名的亲近感油然而生，促使我有更大的动力去做好此书的翻译工作。

翻译归根结底是一种跨文化交际行为，要实现译文在译入语的社会文化语境中对译入语读者产生预期的交际功能，译者必须根据各种语境因素，选择最为恰当的翻译策略，同时注重译文在译入语语境中的可读性以及与原文之间的语际连贯。但在翻译的过程中，会常常因中日语在语义、语序、语法结构、语言特点上存在较大差异（例如，日语多采用间接、模糊、婉转、客观的表达，而汉语则多采用直接、断定、主体性、主观的表达），以及在思维方式、文化等方面的差异，时常为如何翻译得更加准确、恰当而辗转反侧。同时，因书中涉及政治制度、宗教、城市规划、园林、建筑、绘画、茶道等丰富内容，翻译每一部分就相当于对这些不同领域的相关知识进行再学习。故深深体会到，要成为优秀的翻译，必须是杂家，同时也得是专家。另外，书中还有引用《万叶集》《日本书纪》《续日本书纪》古文献中的日语短歌、古文，翻译时颇感有难度，在采用归化、异化翻译方法之间举棋不定，以及翻译为中国哪种诗歌体才更为大家所接受，都颇费思量。也正缘于此,翻译才具有无穷的魅力,促使译者通过不断努力逐步接近或达到准确和完美。翻译的过程虽然艰辛但充满了挑战和乐趣。

信手摘选几个翻译例,便可知翻译之不易。

1.「建都」という語については、『日本紀略』という本に抄録されている桓武天皇の詔の中の用例などを実証的根拠に挙げ、しかも、同じ詔の中の「子来之民」の語句を、親を慕う子の如く桓武天皇を慕って人々が集まったと事実の説明のように説き、平安京はそれらの人々が主体的に自ら計画し、力を寄せ合って作ったとする一部の専門家もおられます。

关于"建都"一词的实证依据,有专家举出《日本纪略》所录桓武天皇的诏书,其中出现的用例。并且,将该诏书中的"子来之民"一词解释为,人们如同仰慕父母的孩子一般仰慕桓武天皇,认为平安京是由这些人自主计划、合力完成的。

2. 含元殿には、図のように左右の両翼が伸びています。その前方に竜尾道というのがありますが、こうした形は、正殿のなかの最初の前殿であることを示していて、闕の形をとどめたものでもあります。したがって、正門としての性格と、一方の儀式を行う宣政殿、紫宸殿というところに繋がる前殿としての性格と、両方をあわせもったものであるということになります。

含元殿左右的两座阁楼如同双阙,其前方有甬道自上而下,宛如龙尾下垂,谓之"龙尾道"。这一造型表明,它是大明宫的第一正殿,如带双阙的大门一样,与宣政殿、紫宸殿在同一中轴线上。

3. 中国の伝承の一つに茶を最初に飲んだのは、達磨大師だと言われています。達磨がインドから中国へやってきて梁の武帝に会い、仏教のことを話したが、自分は仏教の庇護者だと言っているだけの信仰にあきれて、達磨は武帝のもとを離れて北方の少林寺へ入り九年間の面壁座禅を始めます。

　　据说中国传统的饮茶文化，最初缘于达摩大师。达摩从印度来到中国，会见梁武帝，与他谈论佛教。武帝依仗自己大修寺庙的功德，坚信自己是佛教的庇护者，达摩对这一执念感到吃惊，话不投机。于是，辞别武帝，渡江北上入北魏，到少林寺开始九年的面壁坐禅。

　　上述几个翻译例，首先需要调整句子的语序，将原句中位于句尾的谓语前置，先译句子的主干部分，再译句子的枝干修饰部分。同时，汉语词汇的翻译也不能直接照搬日语词汇、采取"直译"方式，而需"意译"才符合汉语的表达习惯。除了注意语言方面的差异之外，还应仔细查阅、了解，如"子来之民""龙尾道""梁武帝问道达摩"等相关的历史文化知识。翻译时需要适当加译，中国读者才能够理解和接收，否则，语际间会缺乏连贯性，读起来令人费解，不知所云，那样翻译也无法达到信息传递、有效交际的作用。

　　翻译过程，也并不如想象的那样进展顺利。因时间要求比较紧，在有限的时间内，必须按预定计划每天推进，才能确保如期提交较高质量的译稿。正当按计划紧张地投入工作之时，不料家中遭遇变故，痛失挚爱的父亲——徐伟成先生，我自幼的良师益友。他博学多才、诲人不倦，高风亮节。突如其来的巨大打击，几乎要摧毁、击垮整个人，我陷入巨大的悲痛之中无法自拔。然而，也正是这不得不完成的译稿，迫使我从内心巨大的伤痛中片刻转移视线。同时，亲朋好友温暖人心的关心与抚慰，帮助我渡过了人生中最艰难的时刻，支撑我得以如期完稿。在此书即将付梓出版之际，谨将此书献给我最敬爱的父亲，以告慰他老人家在天之灵，报答父亲多年的养育之恩！

　　此书即将问世，能够有缘与西北大学高兵兵教授、翁建文等老师一起，为做同一件事而相互请教、彼此切磋、共同努力，机会实属难得，值得珍惜！

　　在此谨对承担本套丛书出版工作的三秦出版社、对译稿提出修改意见和建议的三秦出版社编审高峰先生、认真负责的马玉洁编辑，以及担任此套丛书主编的西北大学高兵兵教授及她领导下的西北大学日本文化研究所各位同仁表示衷心感谢！是大家的共同努力和辛勤付出才迎来了本书的诞生！但在欣喜之余，不免又有些忐忑不安，由于时间仓促、翻译水平有限，难免有不尽如人意之处，恳请各位专家不吝赐教、批评指正！

徐　璐
2021 年 7 月

声　明

本套丛书的主编高兵兵教授联系日本京都文化博物馆，告知了《长安——绚烂的唐都》中译本的出版事宜。8位作者中尚有部分作者未联系到，故此，我们预留了版本使用费，请享有本书收录文章的著作权的作者，见到此书后与敝社联系。